现代金融统计分析与创新发展

李海燕 孙静通 赵凌翼 ◎著

哈尔滨出版社
HARBIN PUBLISHING HOUSE

图书在版编目（CIP）数据

现代金融统计分析与创新发展/李海燕,孙静通,赵凌翼著.—哈尔滨:哈尔滨出版社,2022.10
ISBN 978-7-5484-6858-5

Ⅰ.①现… Ⅱ.①李… ②孙… ③赵… Ⅲ.①金融统计—统计分析 Ⅳ.①F830.2

中国版本图书馆CIP数据核字(2022)第202593号

书　　名：现代金融统计分析与创新发展
XIANDAI JINRONG TONGJI FENXI YU CHUANGXIN FAZHAN

作　　者：李海燕　孙静通　赵凌翼　著
责任编辑：孙　迪　李维娜
封面设计：徐芳芳

出版发行：哈尔滨出版社（Harbin Publishing House）
社　　址：哈尔滨市香坊区泰山路82-9号　邮编：150090
经　　销：全国新华书店
印　　刷：北京四海锦诚印刷技术有限公司
网　　址：www.hrbcbs.com
E－mail：hrbcbs@yeah.net
编辑版权热线：（0451)87900271　87900272
销售热线：（0451)87900202　87900203

开　本：787mm×1092mm　1/16　印张：11.5　字数：218千字
版　次：2023年5月第1版
印　次：2023年5月第1次印刷
书　号：ISBN 978-7-5484-6858-5
定　价：58.00元

凡购本社图书发现印装错误，请与本社印制部联系调换。
服务热线：（0451)87900279

前　言

随着经济的发展和中国市场化进程的推进，现代统计分析方法在金融领域中的作用越来越重要，社会对现代金融统计理论和实务知识的需求也越来越迫切，不仅需要了解中国金融市场规模及其对国民经济总体的贡献、金融资产与负债结构的变动特点与趋势、资金流量及其运行轨迹、金融数据质量与可信性、金融稳健状况等，而且更需要对海量金融数据进行统计分析，探究数据之间的关系及其内部隐含的关键信息，发现数据中的变化规律，监测金融运行模式，进而做出科学的决策。

本书从现代金融统计的基本理论出发，重点探讨了现代货币金融与信贷收支统计、证券期货市场与保险统计、中央银行与商业银行的统计，在此基础上对互联网金融统计与监测体系构建、大数据环境下金融统计的创新发展做了详细的分析。一方面，大数据在金融领域的应用为金融发展注入了活力，推动了金融新业态的形成；另一方面，大数据技术也为金融行业带来了巨大挑战，因而在推进大数据技术研究的同时，提高数据使用者的素质显得更为迫切。总体来看，大数据为金融的新发展带来了机遇，在新环境下要持续推进大数据金融的科学研究，促进金融发展，深化人们对金融的认识。

全书在内容丰富、布局合理、逻辑清晰、理论与创新诸多方面都有独到之处，注重理论与实践的结合，充分体现出本书的科学性、系统性、全面性、时代性、实用性等显著特点，给金融发展提供一些新思路和新举措，给广大读者提供服务与帮助，对从事金融工作者有一定的参考价值。

笔者在撰写本书的过程中，得到了许多专家学者的帮助和指导，在此表示诚挚的谢意。由于笔者水平有限，加之时间仓促，书中所涉及的内容难免有疏漏之处，希望各位读者多提宝贵意见，以便笔者进一步修改，使之更加完善。

目 录

第一章 现代金融统计的基本理论 ·· 1

第一节 金融及其发展趋势 ·· 1
第二节 金融统计的概念与性质 ·· 10
第三节 金融统计的对象、方法与内容 ······································ 15
第四节 金融统计应遵循的原则 ·· 23

第二章 现代货币金融与信贷收支统计 ··· 27

第一节 货币统计框架与分析 ·· 27
第二节 信贷收支统计分析 ··· 45

第三章 现代证券期货市场与保险统计 ··· 59

第一节 证券市场概述 ·· 59
第二节 股票市场统计分析 ··· 63
第三节 债券市场统计分析 ··· 69
第四节 保险统计分析 ·· 74

第四章 中央银行与商业银行的统计分析 ······································ 96

第一节 中央银行统计分析 ··· 96
第二节 商业银行统计分析 ·· 109

第五章 互联网金融统计与监测体系构建 ···································· 130

第一节 互联网金融的发展 ·· 130
第二节 互联网金融的业态类型 ··· 133
第三节 互联网金融的业务统计 ··· 135
第四节 互联网金融统计监测体系构建 ····································· 138

第六章 大数据环境下金融统计的创新发展 ································· 142

第一节 大数据与新金融 ·· 142

第二节　大数据环境对金融统计的影响 …………………………………… 159
　第三节　大数据金融统计发展的策略探索 ………………………………… 164
　第四节　大数据金融发展的趋势及相关建议 ……………………………… 168

参考文献 ……………………………………………………………………… 174

第一章 现代金融统计的基本理论

第一节 金融及其发展趋势

一、金融概念及体系

（一）金融的概念范畴

金融是经济学的概念和范畴。现代经济生活中，人们每天都离不开金融并频繁地使用"金融"这个词。但是，目前理论界对于金融的含义存在较大的分歧，没有统一的定义。特别是近几年随着我国改革开放的进一步深化，国外金融理论的输入，中文"金融"概念与英文"finance"概念的差异，使中国金融理论界对金融和金融学含义的认识分歧加大，并在世纪之交展开了较为激烈的理论争论。中文"金融"所涵盖的范围有广义和狭义之分。广义金融是指与物价有紧密联系的货币供给、银行与非银行金融机构体系、短期资金拆借市场、证券市场、保险系统以及通常以国际金融概括的诸多方面在国际范围内的存在等等。狭义金融指有价证券及其衍生物的市场，即资本市场。

简单来说，金融就是资金的融通，即由资金融通的工具、机构、市场和制度构成的有机系统，是经济系统的重要组成部分。

根据金融系统中个体与整体的差异，我们可以把金融划分为微观金融和宏观金融两部分。微观金融（micro-finance）是指金融市场主体（投资者、融资者、政府、机构和个人），个体的投融资行为及其金融资产的价格决定等微观层次的金融活动。宏观金融（macro-finance）则是金融系统各构成部分作为整体的行为及其相互影响以及金融与经济的相互作用。金融作为资金融通活动的系统，是以各个微观主体、个体的投融资行为为基础，工具、机构、市场和制度等构成要素相互作用并与经济系统的其他子系统相互作用的有机系统。

（二）关键的金融概念

1. 风险与收益

金融有两个重要尺度——风险与收益。成功的投资者，需要在风险和收益之间相互平衡，以期在一定的风险下使收益达到较高的水平，或在收益一定的情况下，使风险维持在较低的水平上。

这里，需要注意必要收益率、预期收益率与实际收益率的区别。必要收益率是你达到满意程度时所需要的收益率，预期收益率是你预期会得到的收益率，实际收益率是你实际所得到的收益率。如果你预期某种金融工具带给你的收益率超过你所要求的程度，你就会去购买它。

2. 市场有效性

市场有效性的概念可以概括为：如果金融市场是有效的，那么，证券价格就是市场做出的对证券真实价值的准确估计。

3. 货币时间价值

金融学中所涉及的大部分内容，都是围绕着调整现金流的价值以反映它未来的价值。我们经常会遇到这类问题，我们是花 100 万元买 1 套现房，还是花 90 万元买 1 年以后才能入住的期房？我们若想买 1 辆汽车，是花 20 万元现金一次性购买，还是每月支付 6000 元，共付 4 年更划算呢？所有这些都反映了简单的道理，即货币是具有时间价值的，"今天的 1 元钱要比未来得到的 1 元钱更值钱"。

货币之所以具有时间价值，有三个方面的原因：一是货币可以用于投资，获得利息，从而在将来拥有更多的货币量；二是货币的购买力会因通货膨胀的影响而随时间改变；三是一般来说，未来的预期收入具有不确定性。

4. 现金流

现金流是与货币的时间价值相联系的概念。在金融领域，现金流至关重要。

现金流的重要性，要远远超过会计中的收益或者利润，素有"现金为王"之说。这是因为，投资者可以用现金流来投资，公司可以用其来付息。会计报告中的收益，是指收益挣得而非收益收到。会计报表中的收益或者利润，有很大部分不能够用来投资或者付息。所以，我们必须考虑现金。另外，我们考虑现金流而不是会计利润的理由是：金融学总是考虑现金流准确的发生时间，并根据货币的时间价值不断进行调整，而会计利润与什么时候实际收到或付出资金没有多大关系。

5. 信息不对称

在经济世界里，信息不对称是指这样的事实：交易双方对有关交易信息掌握的程度不同。在金融领域，信息不对称是市场上不同参与者所持有的信息上的差别，这些差别必须由市场参与者加以处理。信息不对称的事实解释了金融领域的大部分事件。在较为规范而成熟的金融市场上，当一家公司宣布它准备向银行借款时，其股票价格通常上涨。这是因为投资者相信，如果管理层发行债务，就是发出信号，表明公司有能力满足还款必需的现金流直到很远的未来。类似地，当公司发行新股票时，这就意味着管理层在发出信号，该股票定价过高了，因此平均而言，股价下跌。

（二）金融体系

1. 金融体系的构成要素

现代经济中，金融体系是极为庞大而复杂的系统。现代金融体系主要由四个要素构成：

（1）金融工具。它是基于信用关系的书面证明、债权债务的契约文书等，是金融市场上交易的对象。金融工具也称作金融产品，主要包括股票、债券、基金、衍生产品等。

（2）金融市场。它是买卖金融工具的场所，人们可以从不同的角度对金融市场进行分类，但通常谈论较多的大都是货币市场、资本市场、外汇市场、保险市场、衍生性金融工具市场等等。

（3）金融机构。这是充当信用中介、媒介以及从事各种金融交易和服务的组织，通常可区分为银行与非银行金融机构。金融机构创造金融工具，又买卖金融工具。

（4）有关的规则。包括货币制度、汇率制度、支付清算制度、金融监管制度等。

金融市场和金融机构合称金融部门（finance sector），金融工具、金融市场、金融机构和有关的规则四个方面就构成了金融体系。

金融体系是现代经济的核心组成部分，它使高度复杂、精细分工和富有效率的生产方式成为可能，从而创造出经济中的大量财富。

2. 金融体系的不同格局

目前，人们主要是从金融资产结构、企业融资、家庭部门金融资产结构三个不同的视角，来考查一个国家的金融体系格局。

（1）金融资产结构。这是比较银行与资本市场在资金融通中的相对重要性来考查金融资产结构的视角，也就是通过银行资产与资本市场中的股票市值在GDP中所占的比重，来判断一国金融体系的格局。经济学家们把以美、英为代表的，以资本市场为主要融资方式的金融体系称为"市场主导型"（market oriented type）金融体系，而以德、法、日为代表的，以银行为主要融资方式的金融体系称为"银行主导型"（banking oriented type）金融体系。

（2）企业融资。就是通过比较企业内源融资与外源融资、外源融资中债权融资与股权融资在企业融资结构的重要性，来判断一国金融体系的格局。在主要工业化国家的企业融资结构中，内源融资是最重要的；在外源融资中，通过银行中介机构的债权融资最重要，而通过资本市场的股权融资比重并不是很大。可见，从企业融资角度很难看出各国金融体系的差别。

(3) 家庭部门金融资产结构。就是通过比较家庭部门各种金融资产，特别是通过比较家庭部门的现金与存款、权益资本、保险与养老金在金融资产结构的比重，来判断一国金融体系的格局。在主要工业化国家的家庭部门金融资产结构中，日本和德国家庭部门金融资产结构中的现金与存款资产比重很大，而权益资本、保险与养老金比重相对较小，显示出了银行主导型金融体系的特征；美国和英国家庭部门金融资产结构中的现金与存款资产比重不大，而权益资本、保险与养老金比重相对较大，显示出了市场主导型金融体系的特征。

从金融资产结构、企业融资、家庭部门金融资产结构三个维度来考查当代中国的金融体系格局，不难发现目前银行占绝对优势，是较为典型的银行主导型金融体系。但是，从趋势上看，资本市场发展迅速，市场主导型金融体系的特征正在不断加强。

二、金融功能理论阐释

金融功能理论，分传统金融理论和功能金融理论。

（一）传统金融理论

传统金融理论主要从金融机构的角度来着手研究金融体系，即机构金融观点。持有该观点的人认为，现存的金融市场活动主体及金融组织是既定的，并有与之配套的金融规章和法律来规范各种组织的运行，现有的金融机构和监管部门都力图维持原有组织机构的稳定性。有关金融体系所有问题，如商业银行不良资产和资本市场的系统风险等，都应在这种既定的框架下来解决，即使要牺牲效率也是值得的。

上述观点存在的明显缺陷是当经营环境的变化以及这些组织机构赖以存在的基础技术以较快的速度进行革新时，银行、保险及证券类机构也在迅速变化和发展，由于与其相关的法律和规章制度的制定滞后于其变化，金融组织的运行将会变得无效率。

（二）功能金融理论

针对传统金融理论的缺陷，1990年代初美国经济学家罗伯特·莫顿和兹维·博迪系统地提出了新的分析框架金融功能观。他们认为，金融系统的基本功能就是在不确定环境中进行资源的时间和空间配置，而这种基本功能又可以细分为六种子功能：清算和结算功能、集中资源和细分股权、在时间和空间中转移资源、风险管理、提供信息、处理激励问题。具体内容如下。

1. 清算和结算功能

在经济货币化日益加深的情况下，建立有效的、适应性强的交易和支付系统乃是基本需要。可靠的交易和支付系统应是金融系统的基础设施，缺乏这一系统，高昂的交易成本必然与经济低效率相伴。有效的支付系统对于社会交易是必要的条件。发达的交换系统，可以降低社会交易成本，可以促进社会专业化的发展，这是社会化大生产发展的必要条件，可以大大提高生产效率和技术进步。所以说，现代支付系统与现代经济增长是相伴而生的。

2. 集中资源和细分股权

在现代经济中，创办企业的最小投资需要经常会超过个人或几个人的能力。从筹集资本的厂商的观点看，金融体系提供了多种机制（例如金融市场和中介），通过这些机制，个体家庭能够把它们的财富集中成大量的资本，为厂商所用。从个体储蓄者的观点看，金融体系为家庭参与大部分的投资提供了机会。在细分其持有的个体可交易证券的单位大小方面，金融中介实际上提供了完全的可分割性，持有股票和债券的共同基金就是例子。

3. 在时间和空间中转移资源

足够发达、平稳发挥功能的金融体系会促进家庭消费在生命周期中有效地分配，有形资本在最能发挥生产作用的行业部门中有效分配。足够发达、平稳发挥功能的资本市场也使所有权与公司的管理有效分离成为可能。按照比较优势的原理，这也反过来使有效的生产专业化变得可行。完成这项功能的金融中介包括为公司投资和家庭提供融资的银行和存贷机构，为公司投资提供融资和支付退休年金的保险公司和养老基金。

4. 风险管理

运转良好的金融体系会促进所承担风险的有效分担。通过精心设计的金融证券和私人部门及政府的中介（包括社会保障体系），金融体系为家庭和厂商提供了风险集中和风险分担的机会，促进了家庭生命周期中风险的有效承担，允许实际投资中运营资本的提供者（例如人员、工厂和设备）与承担投资金融风险的风险资本投资者分离。

从国际和国内两个角度上讲，按照比较优势的原理，实际投资和风险承担的分离为生产活动的专业化提供了可能性。保险公司是金融中介提供风险保护的经典例子。它们为人力价值的损失（例如死亡和伤残）、实物财产的损失（例如火灾和失窃），以及金融资产的损失（例如包括债券爽约保险在内的合约保险）提供保护。共同基金通过投资多样化帮助控制风险。

5. 提供信息

金融体系的信息提供功能意味着在金融市场上，不仅投资者可以获取各种投资品种的价格以及影响这些价格因素的信息，而且筹资者也能获取不同的融资方式的成本的信息，管理部门能够获取金融交易是否在正常进行、各种规则是否得到遵守的信息，从而使金融体系的不同参与者都能做出各自的决策。

6.处理激励问题

在经济运行中激励问题之所以存在,不仅是因为相互交往的经济个体的目标或利益不一致,而且是因为各经济个体的目标或利益的实现受到其他个体行为或其所掌握的信息的影响。即影响某经济个体的利益的因素并不全部在该主体的控制下,比如现代企业中所有权和控制权的分离就产生了激励问题。解决激励问题的方法很多,具体方法要考虑经济体制和经济环境。金融体系所提供的解决激励问题的方法是股票或者股票期权。通过让企业的管理者以及员工持有股票或者股票期权,企业的效益也会影响管理者以及员工的利益,从而使管理者和员工尽力提高企业的绩效,他们的行为不再与所有者的利益相悖,这样就解决了委托代理问题。

金融功能观是相对金融机构观而言的。金融功能观的核心内容可表述为:金融功能比金融机构更稳定,即在地域和时间跨度上变化较小;机构的形式随功能而变化,即机构之间的创新和竞争最终会导致金融系统执行各项职能的效率提高。而且功能首先要问金融体系需要行使哪些经济功能,然后去寻求最好的组织结构,而组织结构是否最好,又取决于时机和现有的技术。

三、金融的发展趋势

(一)资产证券化

资产证券化是指通过结构性重组,将缺乏流动性但具有未来现金流收入的资产构成的资产池转变为可以在金融市场上出售和流通的证券。

1. 资产证券化的种类范围

(1) 根据基础资产分类。根据证券化的基础资产不同,可以将资产证券化分为不动产证券化、应收账款证券化、信贷资产证券化、未来收益证券化(如高速公路收费)、债券组合证券化等类别。

(2) 根据资产证券化的地域分类。根据资产证券化发起人、发行人和投资者所属地域不同,可将资产证券化分为境内资产证券化和离岸资产证券化。国内融资方通过在国外的特殊目的机构(special purpose vehicles,SPV)或结构化投资机构(structured investment vehicles,SIVs)在国际市场上以资产证券化的方式向国外投资者融资称为离岸资产证券化;融资方通过境内 SPV 在境内市场融资则称为境内资产证券化。

(3) 根据证券化产品的属性分类。根据证券化产品的金融属性不同,可以分为股权型证券化、债券型证券化和混合型证券化。

2. 资产证券化的意义

(1) 对发起人而言:①增强资产的流动性。资产证券化将相对缺乏流动性、个别的资产转变成流动性高、可在资本市场上交易的金融商品。通过资产证券化，发起者能够补充资金，用来进行另外的投资。②获得低成本融资。发起者通过资产证券化发行的证券具有比其他长期信用工具更高的信用等级，等级越高，发起者付给投资者的利息就越低，从而降低筹资成本。③减少风险资产。资产证券化有利于发起者将风险资产从资产负债表中剔除出去，有助于发起者改善各种财务比例，提高资本的运用效率，满足风险资本指标的要求。④便于进行资产负债管理。资产证券化还为发起者提供了更为灵活的财务管理模式，这使发起者可以更好地进行资产负债管理，使资产与负债相匹配。同时，由于资产证券化允许将发起、资金服务等功能分开，分别由各个机构承担，这有利于体现各金融机构的竞争优势，便于确立金融机构各自的竞争策略。

(2) 对投资者而言：①资产担保类证券提供了比政府担保债券更高的收益。②资产证券化品种的出现满足了投资者对"基于利差的投资工具"的需求，从而达到投资多样化及分散、降低风险的目的。③投资者的风险偏好各不相同，资产证券化为投资者提供了多样化的投资品种。

（二）金融全球化

1. 金融全球化的产生原因

"经济发展带动金融发展，金融作为经济核心，势必会在经济全球化的影响下发展为金融全球化。"[①] 金融全球化是经济全球化的重要组成部分，是金融业跨国境发展而趋于全球一体化的趋势，是全球金融活动和风险发生机制日益紧密关联的客观历史过程。金融全球化产生的原因主要有：

(1) 金融管制放松所带来的影响。金融管制的放松，各国对金融机构跨国经营的限制减少，对外汇管制政策的放宽，大大促进了国际资本的流动以及金融市场的国际化。

(2) 现代电子通信技术的快速发展。现代计算机及自动化技术的发展，使国际金融交易中信息传递更及时，交易成本更低，手续更简便。这构成了现代金融市场全球化的技术基础。

(3) 金融创新的影响。20 世纪 70 年代以来的国际金融创新浪潮产生了许多新兴的金融工具，它们有的本身就具有国际性质，如利率互换、货币交换等。此外，高新技术在金融领域的广泛运用，还不断地为国际金融交易提供更方便、成本更低的交易手段。

(4) 投资主体的变化。国际金融市场的参与者已越来越多样化，特别是各种类型的投资基金的崛起大大地改变了投资结构及交易性质，产生了一批专为套利而参与买卖的机构投资者。他们为了获利，必然频频出没于全球各国的金融市场，寻找获利机会。这种频繁的交易更加促进了各国市场间的联系。

---

① 卢宁，褚旭.金融全球化下我国饲料市场发展潜力及发展方向[J].中国饲料，2021（20）：139-142.

2. 金融全球化的表现形式

金融活动的全球化主要包括以下几个方面：

(1) 资本流动全球化。随着投资行为和融资行为的全球化，投资者和融资者都可以在全球范围内选择最符合自己要求的金融机构和金融工具，使资本流动也全球化。

(2) 金融机构全球化。金融机构是金融活动的组织者和服务者，金融机构全球化就是指金融机构在国外广设分支机构，形成国际化或全球化的经营。

(3) 金融市场全球化。金融市场是金融活动的载体，金融市场全球化就是金融交易的市场超越时空和地域的限制而趋于一体。目前，全球主要国际金融中心已连成一片，全球各地以及不同类型的金融市场趋于一体，金融市场的依赖性和相关性日益密切。

3. 金融全球化的影响

金融全球化的积极作用表现在：通过促进国际贸易和国际投资的发展推动世界经济增长；促进全球金融业自身效率的提高；加强了金融监管领域的国际协调与合作。

金融全球化的消极作用表现在：金融风险的增加；削弱国家宏观经济政策的有效性；加快金融危机在全球范围内的传递，增加了国际金融体系的脆弱性。

（三）金融自由化

"金融自由化"理论是美国经济学家罗纳德·麦金农和爱德华·肖在20世纪70年代，针对当时发展中国家普遍存在的金融市场不完全、资本市场严重扭曲和患有政府对金融的"干预综合征"，影响经济发展的状况首次提出的。它主张改革金融制度，改革政府对金融的过度干预，放松对金融机构和金融市场的限制，增强国内的筹资功能以改变对外资的过度依赖，放松对利率和汇率的管制使之市场化，从而使利率能反映资金供求，汇率能反映外汇供求，促进国内储蓄率的提高，最终达到抑制通货膨胀，刺激经济增长的目的。

1. 金融自由化的表现形式

金融自由化的表现形式主要为以下四个方面：

(1) 价格自由化，即取消利率、汇率的限制，同时放宽本国资本和金融机构进入外国市场的限制，让金融商品的价格发挥市场调节作用。

(2) 业务自由化，即允许各类金融机构交叉业务，公平竞争。

(3) 市场自由化，即放松各类金融机构进入金融市场的限制，完善金融市场的融资工具和技术。

(4) 资本流动自由化，即放宽外国资本、外国金融机构进入本国市场的限制。

2. 金融自由化的影响

（1）积极影响：①金融自由化增强了金融市场的竞争性，提高了世界金融市场的效率，促进了世界银行业的发展。②金融自由化使金融信息更具公开性，能够更准确、更迅速地反映市场的供求状况，即资金的稀缺程度，形成更有效的价格信号体系。③金融自由化为金融企业提供了更多的盈利机会。一方面，金融自由化极大地推动了金融资本的形成，为金融企业提供了更广阔的活动空间；另一方面，分业管理制度的逐步解除为金融企业（尤其是商业银行）提供了更灵活的经营手段。④金融自由化尤其是分业管理制度的逐步解除，为商业银行在盈利性与安全性之间的平衡选择提供了条件和手段。⑤金融自由化推动了世界性的金融一体化，随着各国日益敞开本国金融市场的大门，资本流动的速度不断加快。

（2）消极影响：①某些时候降低了金融市场效率的作用。例如，金融市场的一体化、数不胜数的金融创新、大量金融机构的出现降低了金融市场的透明度。银行客户面对极端复杂的衍生工具，只能听从银行的建议，从而使银行对提高效率的积极性下降。此外，金融市场容量的扩张给银行带来了机会，同时也减弱了银行降低成本、增加效益的压力。②银行致力于金融创新的动力明显下降。在实行严厉金融管制的条件下，金融机构（尤其是商业银行）被迫不断推出新的金融产品，以便绕开金融管制，增强自身竞争实力。而在金融自由化已成气候的今天，金融创新的必要性也就不再那么突出。③金融自由化加大了客户和金融业自身的风险。利率和汇率管制的解除导致市场波动幅度剧增。④在金融自由化之后，银行之间、商业银行与非银行金融机构之间以及各国金融市场之间的联系更加密切，单一企业财务危机冲击金融体系稳定性的危险加大。⑤在实行金融自由化之后，尽管商业银行获得了更多的盈利机会，但垄断地位的丧失和竞争的加剧，又导致商业银行利润率出现下降趋势。

（四）金融工程化

金融工程包括创新型金融工具与金融手段的设计、开发与实施，以及对金融问题给予创造性的解决办法。

1. 金融工程应用范围

金融工程主要是随着投资银行业与资本市场的扩张而产生和发展起来的应用性很强的金融学科，应用范围很广，从公司理财到金融交易，再到投资与货币管理，特别是风险管理方面。具体来说，其应用范围主要包括如下三个方面：

（1）新型金融工具的设计与开发。这是目前金融工程学研究的主要领域，如互换、期权、票据发行便利、远期利率协议。

（2）新型金融手段和设施的开发。其目的是降低交易成本，提高运作效率，挖掘盈利潜力，规避金融管制。例如，金融机构内部运作的优化，金融市场套利机会的发掘与利用，交易清算系统的创新等。

（3）为了解决某些金融问题或实现特定财务经营目标制订出创造性的解决方案。如各类风险管理技术的开发运用，现金管理策略的创新，公司融资结构的创造，企业兼并收购方案的设计，资产证券化的实施等。

2. 金融工程的作用

（1）设计、开发新型金融产品和工具，尤其是在金融市场上没有的、具有特殊性能要求的新型的金融产品和金融工具。

（2）平衡金融资产的收益与风险。购买金融产品或者工具的投资决策主要是对效益和风险的权衡。利用风险分析和优化技术，金融工程在复杂的衍生产品和工具的设计开发中，特别是设计各种有价证券的混合产品来满足客户的需求。

（3）促进金融市场与金融交易的发展。金融工程把传统的金融工具，如股票、债券等带有原始发行风险的产品进行重新开发、设计、组合，然后通过金融市场的交易使风险分散化，形成新的组合，大大促进了金融市场及其交易规模的扩大，推动了金融资产的证券化发展。

（4）推动了金融科学与金融人才的发展。金融市场投资领域集中了大量精通数学与计算机知识的"火箭科学家"，把各种科学、技术与社会科学理论集合在一起共同发展。

（5）金融工程为使用者提供两种不同的选择：一种是将风险彻底消除，即将不确定性变为确定性；另一种是向面临金融风险的人提供金融工具，使其能够根据自己的偏好对风险做出相应的结构调整。

第二节 金融统计的概念与性质

金融统计，是金融系统各项经济活动的统计。作为新兴的专业统计，它是我国国民经济统计体系的重要组成部分，是国家管理金融和经济的重要工具，也是我国制定货币政策、实施金融计划管理工作的依据和基础。"金融统计历经了从计划经济体制下的银行信贷统计单一模式，到现在信贷与融资统计、金融市场统计和资金流量统计等建立的基本框架，基本满足了市场经济条件下对金融统计信息的多样化需求。"[1]

一、金融统计的产生与发展

金融统计是随着金融业的产生和发展而逐步建立和发展起来的。金融是货币流通和信用活动以及与之相联系的经济活动的总称。广义的金融泛指一切与信用货币的发行、保管、兑换、结算、融通有关的经济活动，甚至包括金银的买卖；狭义的金融专指信用货币的融通。金融的内容可概括为货币的发行与回笼、存款的吸收与付出、贷款的发放与

---
[1] 牛艳.金融统计的发展和展望[J].财经界，2021 (15)：11-12.

回收、金银及外汇的买卖、有价证券的发行与转让、保险、信托、国内或国际的货币结算等。从事金融活动的机构主要有银行、保险公司、证券公司，还有信用合作社、财务公司、信托投资公司、金融租赁公司以及证券、金银、外汇交易所等。步入互联网时代的今天，金融的内容和从事金融活动的主要机构又增加了许多带有互联网色彩的新形式。众筹、P2P网贷、第三方支付及数字货币等多种形式构成了互联网金融的主要内容，大数据金融、信息化金融机构及金融门户等众多的互联网金融机构成为互联网金融中最活跃的参与者。

货币和信用本来是相对独立的经济范畴。最初，人们以自然形态的特殊商品来充当货币，此时的货币称为商品货币。后来由于交换的发展，商品货币逐渐固定为某种金属，以后又发展为金属铸币、纸币。随着货币形态的不断演变，货币的外延也在不断扩大。最初的货币仅是作为交换的媒介，与信用并没有直接联系。随着社会经济的发展，交易日益频繁，对信用的需要越来越多，货币也成为较为固定形态的金属货币，于是，货币与信用就逐渐结合起来，形成以货币为对象的信用形式，这就是货币信用。货币信用经历了货币兑换、货币贷放、货币保管、代理支付、汇兑等形式。综上所述，货币信用的出现，已经包含了金融关系的某些特性，随着货币信用的发展，这种金融关系也越来越强，这就是早期的金融。但总的来说，早期的金融在整个社会生活中的影响作用还不大，与发达的商品经济下的金融相比，还处于萌芽状态。

在发达的商品经济条件下，随着专门经营货币和信用业务的现代金融机构——银行的出现，货币信用关系得以迅猛发展。银行通过其货币信贷业务对全社会的货币流通以及货币资本的分配和再分配起到组织和枢纽作用。银行凭借其经营货币兑换和汇兑业务的特殊地位，组织发行可兑换银行券。银行券本身没有价值，但可与金属货币并行流通。随着银行券的出现，银行信用逐渐扩展，以银行信用为基础的汇兑、非现金结算等业务空前发展起来，主要的社会经济活动和商品交易都通过这些信用货币来进行，信用货币逐渐成为社会的主要流通手段和支付手段。银行信用的扩张和收缩直接影响货币流通。这时，货币和信用紧密地结合起来，构成了新的经济范畴，这就是金融。

在如今发达的互联网经济时代，互联网金融活动成为令人瞩目的金融形式。互联网金融（ITFIN）实现了互联网技术和金融功能的有机结合，其依托大数据和云计算在开放的互联网平台上形成了功能化服务体系，包括基于网络平台的金融市场体系、金融服务体系、金融组织体系、金融产品体系以及互联网金融监管体系等，并具有普惠金融、平台金融、信息金融和碎片金融等相异于传统金融的金融模式。互联网金融以其融资成本低、贷款发放效率高、金融服务范围覆盖广等众多优势，为广大的市场参与者提供了便利的支付清算服务，加快了资金跨时、跨地、跨领域的流通，提高了资源配置的效率，不断推进传统金融行业的变革与发展。

金融统计则是适应国家经济管理和一国金融业发展的需要而建立和发展起来的。金融统计是国家统计体系的重要组成部分，集金融信息、金融分析与政策咨询于一体，以社会金融活动中的各种数量关系为研究对象，以金融与经济统计数据为依托，运用定性与定量分析相结合的方法，分析、判断、预测国民经济运行及金融的发展情况，是中央银行货币政策决策的重要依据，也是国家进行宏观调控的重要工具。

二、金融统计的概念理解

一般来说，根据使用场合的不同，统计包含三方面的含义：统计工作、统计资料和统计学。统计工作是社会实践活动，是为了反映所研究对象的某种数量特征及其规律性，对社会、政治、经济、科技和自然现象的数据资料进行搜集、整理和分析的活动过程。统计资料也称统计信息，是统计工作取得的用来反映所研究对象的数量特征的数据资料的总称。统计学是研究如何搜集、整理统计资料，分析研究对象在一定条件下的数量特征和数量关系的方法与科学。简言之，统计学是关于认识现象总体数量特征及其规律性的方法论科学。

相应地，金融统计是对金融活动及其规律性进行研究的方法，是金融统计工作、金融统计资料、金融统计学的总称。金融统计工作，是按照国家金融统计有关法规，采用各种科学的统计方法，对社会金融现象的数据资料进行搜集、整理和分析的活动，即金融统计实践。金融统计资料，是金融统计工作活动过程中所取得的有关社会金融现象和过程的数字资料和其他资料，是金融统计工作的成果。金融统计学则是研究金融统计资料搜集、整理、分析的原理的方法与科学。它以特定的金融现象的数量为研究对象，研究金融统计工作中的基本规律，阐述金融统计的性质，明确金融统计工作的基本方针，确定金融统计的范围。

金融统计的三种含义之间既有区别又有联系，其联系主要表现为以下两个方面：第一，金融统计工作与金融统计资料是金融统计活动过程与活动结果的关系。金融统计工作的直接目的是为了获得金融统计资料，而金融统计资料的获得又必须依靠金融统计工作来完成。第二，金融统计工作与金融统计学是统计实践与统计理论的关系。一方面，金融统计学来自金融统计工作，是金融统计工作的理论概括与经验总结；另一方面，金融统计学又对金融统计工作具有指导作用。

此外，金融统计学作为专业统计学，不同于社会经济统计学原理，也不同于经济统计学和其他部门统计学。首先，金融统计学与社会统计学原理之间是一般统计原理与具体统计方法论的关系。前者侧重研究金融活动中诸多现象的数量方面，是一种具体统计方法论；后者则是针对社会经济的整体发展而提出的一般性的统计方法原理。金融统计学必须遵循社会经济统计原理所提出的搜集、整理和分析社会经济现象一般性的原理、原则和方法，同时还必须体现作为专业统计学的特点。其次，金融统计学与经济统计学是个别与一般、个性与共性的关系。经济统计学是从整个国民经济出发，把各种社会经济现象作为整体来进行研究。它也研究金融现象的数量问题，只不过是从宏观的角度出发的；金融现象是经济现象的组成部分。金融统计主要从金融部门出发研究金融现象量的问题及资料的搜集、整理和分析的方法论问题。总之，经济统计学是关于整个经济现象的数量的方法论，金融统计学则是关于金融现象的数量的方法论，它是经济统计学中独立的部门统计学。再次，金融统计学与一般的部门统计学既有区别又有联系。金融统计学研究对象的特殊性决定了金融统计学区别于一般的部门统计学。它研究的对象是金融现象的数量方面，是金融部门经营货币、经营信用业务活动过程中所发生的一切金融现象，是特殊的价值运动现象。另一方面，金融活动与社会经济活动的其他方面是相互促进、相互制约、紧密联系的。因此，金融统计学的研究又离不开其他部门研究的一些相关成果，以促进自身的发展。从这个角度讲，金融统计学与一般的部门统计学又是相互促进、密切联系的。

三、金融统计的性质与作用

（一）金融统计的性质

金融统计学作为以金融计量为特殊研究对象的专业统计，有以下几个基本性质：

第一，金融统计是从总体上对客观金融现象进行研究的。金融统计工作者将零散的金融数据搜集、整理并加以分析后，得出一个金融单位、一个金融系统、一个地区甚至全国的数据资料。综合分析这些资料后，揭示出该金融单位、该金融系统、该地区甚至全国的金融活动的本质和规律，从而为制定政策提供依据。

第二，金融统计研究金融领域内客观现象的现状及发展过程。如中央银行某年的货币供应量是多少，具体到各个层次上又是多少，以及中央银行应该根据社会经济发展的需要来调整货币供应量。又如，各金融机构通过哪些渠道聚集了多少信贷资金，这些资金又各自投放到了哪里，各是多少等。金融统计通过这些具体数字资料来反映金融管理、金融经营活动的规模、水平、速度、结构、比例关系，从而揭示金融活动规律。

第三，金融统计必须采用定性分析和定量分析相结合的方法，才能有效地揭示金融活动的规律。金融统计对金融现象和过程的数量的研究，必须是在定性分析的基础上进行定量分析。也就是说，只有对各种金融现象所涉及的概念有确切的把握之后，再进行数量方面的研究，才能对各种金融现象的本质有更深的认识，才能更好地揭示金融活动的规律。

第四，金融统计研究的目的在于探寻金融活动的规律，应用这种规律性的认识进行科学预测，为有关决策部门提供依据，从而促进金融更好地发展。

（二）金融统计的作用

随着经济的发展，金融在整个国民经济中发挥越来越重要的作用，如动员闲置资金、积聚零散资金、加速资金周转的中介作用，对整个经济中的货币供应量以及产业结构、产品结构、地区结构的调控作用，对总体国民经济的宏观调控以及综合反映作用等。相应地，金融统计在国民经济中也发挥着重要的作用，主要表现在以下几个方面。

1. 搜集、整理金融统计资料，为制定金融政策提供依据

通过统计调查，金融统计工作者搜集、整理金融统计资料，并通过一系列完整的统计报表和分类详细的统计指标，提供金融统计数据，准确地反映金融活动的状况及发展变化的情况，反映社会总需求与社会总供给的平衡状况及其变动情况。这些统计资料是政府确

定金融战略目标、确定长远金融规划的基础，是政府了解金融运行情况、分析金融形势、制定货币政策的重要依据。

2. 对金融统计资料进行科学分析，为宏观经济调控提供导向

金融统计部门花费大量的人力、物力、财力，通过金融调查获得大量丰富而又翔实的统计资料，为社会提供重要的金融信息源。首先，通过对微观金融信息的搜集、整理与综合，利用总量、水平、速度、结构、比例关系等指标，综合反映各金融机构和全国金融活动情况。其次，金融统计部门除定期提供各种统计报表外，还通过开展专题调查、典型调查、抽样调查，运用现代统计的科学方法进行金融统计预测，分析研究宏观经济的发展变化情况和金融的发展趋势。因此，金融统计所反馈的金融信息是政府加强宏观经济调控的重要依据，为宏观经济的调控提供了导向。

3. 进行金融统计监测，为加强金融监管提供服务

通过完善金融统计调查、金融统计分析和强化金融统计监测，我们可以及时准确地对社会金融活动和国民经济运行状况进行全面系统的定量检查、监测和预警，以促进经济和金融按照客观规律的要求，持续、稳定、健康、协调发展。同时，随着我国经济和金融体制改革的深入发展，对金融统计的要求越来越高。我们应深化金融统计体制改革，完善金融统计制度，改进金融统计方法，完善金融统计指标体系，深入开展金融统计分析，强化金融统计预测，提高金融统计监测质量，加大金融统计监督力度，及时反映经济和金融活动中存在的变化，发现金融管理中存在的问题，为国家调整金融政策、加强金融监管服务。

4. 开展金融统计咨询活动，实现金融统计信息资源共享

金融统计部门利用其掌握的丰富的金融统计资料，运用科学的分析方法和先进的技术手段，深入开展综合分析和各种专题研究，不仅能为政府进行科学决策和金融管理提供政策依据和对策方案，而且还可以实现金融统计信息资源共享，加强金融统计资源的开发利用，扩大金融统计的服务范围。因此，有必要采取具体有效的措施，扩大金融统计信息的传播范围，增加传播渠道，加快传播速度，积极为社会各界及生产经营者、消费者提供金融统计信息和咨询，为社会公众服务，从而更充分地实现金融统计的价值。

第三节　金融统计的对象、方法与内容

一、金融统计的研究对象

金融统计以金融现象的数量为研究对象，以金融现象为研究范围。而金融现象是指货币资金的融通现象，主要包括货币流通现象和以银行信用为主的各种信用现象。

（一）货币流通现象

货币流通现象，是指在商品交换过程中，货币作为流通手段和支付手段所形成的连续不断的运动。换言之，是货币在交换过程中同商品不断换位的运动。搞清楚商品流通和货币流通的关系，有利于我们更好地理解货币流通现象。在商品流通中，货币不断地从买者手中转到卖者手中，货币的这种不断地运动是完全依赖于商品流通的。因为如果没有可供交换的商品，也就不需要作为商品交换媒介的货币。而没有商品交换，也就不会形成货币流通。所以，货币流通是商品流通的结果，商品流通是货币流通的前提。正确理解货币流通，还要了解货币流通自身的特点：第一，在货币流通中，作为流通主体的货币形态始终不变；第二，在货币流通中，作为商品交换媒介的货币不会退出流通，而是在商品交换过程中不断运动；第三，货币流通取决于商品交换的发达程度和社会对于流通手段和支付手段的需要程度。第四，货币流通具有相对独立性，它可超越商品流通形成自身的运动。

现代货币流通有两种形式：现金流通和非现金流通（即转账结算流通）。现金流通是指以纸币和铸币为流通手段和支付手段，通过现款直接完成的货币收付行为。非现金流通是指各经济主体在银行存款的基础上，通过在银行存款账户转移存款的办法来进行的货币收付行为。现金流通和非现金流通实际上是统一的、相互联系的。因为货币流通本身是统一的，无论是现金流通还是非现金流通，都是由商品流通引起的，都在发挥着货币的职能，二者具有密切的关系。

与两种货币流通形式相对应，货币有两种流通渠道，即现金流通渠道和非现金流通渠道。货币流通渠道是指货币进入流通和退出流通的途径。现金流通渠道分为现金投放渠道和现金回笼渠道。前者包括工资及对个人的其他支出、采购支出、行政管理支出和财政信用支出等；后者包括商品销售收入、服务事业收入、财税收入、信用收入等。非现金流通渠道主要包括：商品价款收付、劳务费用收付、货币资金拨缴的收付以及信贷资金的发放与回收等。

（二）信用现象

信用现象是指未来偿还商品赊销或货币借贷的承诺，是关于债权和债务关系的约定。这实质上是财产使用权的暂时让渡，这种让渡不是无偿的，而是以还本付息为条件的。信用的产生可归因于这样的基本事实，即在一定时期内并非每一个经济单位都能做到收支平衡，当一个经济单位出现资金盈余，而另一个单位出现收不抵支时，便形成了双方借贷的基础。这样，在社会再生产运行过程中，一方面是部分单位和个人有闲置的货币资金需要寻求出路，另一方面是部分单位和个人因临时性需要借入一笔货币资金。通过信用调节，将这些资金在全社会范围内抽余补缺，使资金从盈余部门流向短缺部门，就会使全社会资金的使用效益大大提高，社会的产出规模就会增大，人们的福利也会增加。

不论何种形式的信用，都具有以下几个共同特征：第一，信用的标的是所有权和使用权相分离的资金；第二，信用以还本付息为条件；第三，信用以相互信任为基础；第四，信用以收益最大化为目标；第五，信用具有特殊的运动形式。从表面上看，信贷资金的运动只表现为简单的"钱生钱"的过程，但这只是表面现象。

现代信用的形式繁多，按信用主体的不同，可分为商业信用、银行信用、国家信用、消费信用和国际信用五种形式。其中，商业信用和银行信用是现代市场经济中与企业的经营活动直接联系的最主要的两种形式。

信用工具也称融资工具，是资金供应者和需求者之间进行资金融通时所签发的、证明债权或所有权的各种具有法律效用的凭证。按融通资金的方式，可以分为直接融资信用工具和间接融资信用工具；按可接受的程度不同，可分为无限可接受性的信用工具和优先可接受性的信用工具；按偿还期限的长短，可分为短期信用工具、长期信用工具和不定期信用工具三类。几种典型的信用工具有：期票、汇票、支票、信用证、信用卡、股票、债券等。

就我国而言，证券市场的发展极其迅速，中国经济的证券化率已经超过 50%（股票市值占 GDP 的比重），证券市场在国民经济中的地位越来越重要。我国金融统计的研究范围有必要在现有的基础上进一步拓展，从而更好地为经济发展服务。与此同时，随着互联网信息技术的迅速发展及其在金融领域的广泛应用，互联网金融已经在我国金融体系中占有极其重要的地位。互联网金融依托移动通信技术、云计算和大数据处理技术高效地进行资金融通，更加深刻而具体地表现出了现代金融活动中各参与者之间的信用关系。可以预见，随着国内互联网金融监管体系的不断完善、电子信息技术的不断发展，互联网金融将会逐步渗入我国金融体系中。

二、金融统计的研究方法

掌握了科学的研究方法，可以使我们的工作事半功倍，从而更加迅速有效地总结出金融领域内众多现象的规律。一般地，统计学有以下几种研究方法。

第一，大量观察法。这是指对研究总体中的全部或足够多的单位进行调查的方法。由于统计总体的大量性和复杂性，总体中各单位的属性就会有不同的表现。要准确把握总体特征,就不能只观察个别单位,而必须观察总体中足够多的乃至全部的单位。统计调查的许多方法,如统计报表、普查、抽样调查等都是通过观察总体中的大量单位,从而了解研究对象的发展情况。

第二,综合分析法。综合,是指把经过大量观察所取得的资料以各种综合指标的形式表现出来,以反映总体的一般数量特征。常用的综合指标有总量指标、相对指标、平均指标、变异指标等。分析,是指对综合指标进行分解和对比分析,以反映总体的差异和数量关系。常用的统计分析方法有统计分组法、趋势分析法、相关和回归分析法、平衡分析法等。

第三,归纳推断法。它是指通过统计调查及观察各单位的特征来得出总体的特征。但往往人们所观察的单位只是总体的一部分,这就产生了根据样本数据来判断总体数量特征的归纳推理方法,即统计推断法。一般而言,统计所观察的资料都是样本资料,因而归纳统计法也就广泛地应用于统计研究,可以说它是现代统计学的基本方法。

第四,数学模型法。它是根据一定的假设条件,用数学方程去模拟现实现象相互关系的研究方法。它包括三个基本要素:变量、基本关系式、参数。其中,变量是可变的数量标志和指标;基本关系式是指数学方程的表现形式,有线性和非线性之分;参数是表明方程式中自变量对因变量影响程度的数值,它是由一组实际观察数据来确定的。数学模型大大提高了人们统计分析的能力。

三、金融统计的内容

(一)金融统计设计

金融统计设计,是根据金融统计研究对象的性质和研究目的,对整个统计工作所做的通盘考虑和科学安排。金融统计设计的成果是各种设计方案,包括金融统计指标体系、各种分类目录、金融统计报表制度、调查方案、综合整理方案和分析方案。金融统计设计是整个金融统计工作过程的开始,金融统计设计质量的好坏直接影响后三个阶段的工作质量。

做好金融统计设计工作,要注意以下几点。

1. 明确金融统计研究的目的

这是金融统计设计的首要环节,是决定金融统计内容和方法的出发点。任何社会经济现象都可以根据不同的目的、不同的角度进行统计研究。如果目的不清,就无法确定研究什么和怎样研究,也就无法确定金融统计总体、金融统计内容和金融统计方法,也就无法进行下一步的研究工作。

2. 确定金融统计指标和指标体系，明确统计分类和分组

确定金融统计指标和指标体系是金融统计设计的中心内容。任何一项统计研究，在目标明确之后，就要确定研究哪些方面的数量状况，究竟用什么样的统计指标来反映这些数量状况。金融统计指标和指标体系是金融统计的"语言"，有了这种语言，就可以进行金融统计描述，还可以做进一步的金融统计分析。与金融统计指标和指标体系相联系的是要明确金融统计分类和金融统计分组。这些分类和分组与金融统计总体范围和指标口径有直接联系。如果金融统计分类和分组不能明确界定，那么，金融统计的对象范围、统计的指标口径等也就无法界定，金融统计分析工作也就难以进行。

3. 确定金融统计分析的内容和方法

一般而言，金融统计分析工作是在金融统计整理之后进行的，但作为系统的思维活动，金融统计分析在金融统计指标体系确定之后就要被考虑到。金融统计分析的设计，最主要的是选择分析的题目和方法。一般情况是根据当前社会经济形势，抓住带有关键性的问题作为分析题目。金融统计分析的方法是多种多样的。这些方法在具体运用时可以交叉融合。但是，受各种条件限制，事先考虑重点使用什么方法进行分析是很有必要的。

4. 制订调查方案，选择调查方法

金融统计调查时搜集金融统计资料的过程，是金融统计整理和分析的基础。在制订调查方案时，应根据金融统计研究的目的、金融统计指标和指标体系的内容、金融统计分析整理和金融统计分析的需求等，来确定某一项金融统计调查的具体内容。此外，金融统计研究具体选择哪种调查方式，也应根据其研究目的、统计指标的特点、统计资料的准确程度、统计任务的时间要求和统计力量的搭配等通盘考虑。

5. 制订金融统计整理方案

金融统计整理的设计，主要是确定金融统计分组的组织形式。这就要求在对所研究的金融活动进行深入分析的基础上，确定最能反映问题本质的金融统计分组和指标体系，保证金融统计整理方案与金融统计调查项目、分析项目的相互衔接。金融统计整理的结果表现为一整套的空白汇总表、分类目录及汇总工作的组织计划等。

（二）金融统计调查

金融统计调查有不同的分类。按统计调查包括的单位划分，可分为全面调查和非全面调查；按统计调查的时间连续性划分，可分为经常性调查和一次性调查；按统计调查搜集资料的组织方式不同，可以分为专门调查和金融统计报表两种。下面按照最后一种分类来具体说明。

1. 专门调查

专门调查是为了某些特定目的而专门进行的调查。专门调查有普查、抽样调查、重点调查、典型调查和问卷调查五种。

(1) 普查就是对研究对象中的所有单位进行调查。例如，要了解银行职工的基本情况，就要对银行工作的每一个人进行登记。普查与统计报表统称为全面调查。

(2) 抽样调查是按照随机原则从调查总体中抽取部分单位作为样本进行观察，并根据所获得的样本数据，对总体的数量做出具有一定可靠程度的估算和推断。由于金融统计涉及国民经济和社会生活的众多方面，不可能也没有必要对每个问题进行全面调查。为了及时了解有关金融活动的情况，提高决策的准确性，常采用抽样调查的方法取得所需要的资料。比如，在调查市场物价变化、股票行情、居民投资倾向和储蓄倾向、居民手持现金的水平等时，抽样调查是最直接、最有效的方法。

(3) 重点调查是在所调查的对象当中，选择部分重点单位进行调查。这里的重点单位是指在总体中具有举足轻重地位的那些单位。这些单位的数目在总体单位数中的比重不一定很大，但是由于它们在总体中的地位重要、作用突出，因而能够反映总体的基本情况。重点调查可以就重点单位进行调查，也可以就重点问题进行调查。其优点是，调查单位数目少，相对于全面调查而言，节省大量的人力、物力和财力，且便于有关领导部门及时掌握调查对象的基本情况，及时指导相关工作。

(4) 典型调查是在对调查总体做全面分析的基础上，根据调查的目的和要求，选择少数具有代表性的典型单位进行深入的调查研究。一般地，各银行和非银行金融机构都要根据各自的业务范围和管理需要进行典型调查。

(5) 问卷调查是将所要调查的项目编成详细的问题列于问卷上，由被调查者填写有关内容。这种调查可分为结构性问卷调查和非结构性问卷调查。前者又称标准化问卷调查或控制式问卷调查。在这种调查的问卷上，事先准备标准表格、提问方式和标准化备选答案，按逻辑关系将有关资料列出。非结构性问卷调查事先不准备标准表格、提问方式和标准化备选答案，只是限定调查方向和询问内容，然后由调查者和调查对象自由交谈。

2. 金融统计报表

统计报表是我国搜集统计资料的重要方法。统计报表是按照国家有关法规，自上而下地统一布置，自下而上地逐级提供统计资料的统计调查方法。金融统计报表是根据国家的有关政策法规和金融部门的需要，按照统一的表格形式、统一的指标内容、统一的报送程序和报送时间，自下而上地逐级提供统计资料的统计调查方法。

金融统计报表由各金融机构的统计部门统一管理。随着我国金融业的不断发展和金融监管的不断加强，金融统计报表不断改进、充实和完善，形成了比较严密、科学、完善的体系和管理制度。

根据金融统计报表性质和要求的不同，有如下几种分类：第一，按调查范围的不同，可分为全面和非全面统计报表；第二，按报表内容和实施范围的不同，可分为国家金融统计报表、部门金融统计报表和地方金融统计报表；第三，按报送周期长短，可分为日报、月报、季报、半年报和年报；第四，按填报单位的不同，可分为基层统计报表和综合统计报表。主要的统计报表是全面的、定期的，在搜集统计资料的工作中占有重要的地位。由于金融保密性强，阅读金融统计报表就成了社会了解金融领域发展状况的主要途径。

（三）金融统计整理

金融统计整理是指根据金融统计研究目的，对金融统计调查所得到的原始资料进行科学的分组和汇总，或者对已加工的综合资料进行再加总，为金融统计分析提供系统的、有条理的综合资料的过程。

金融统计整理要在对所研究的金融现象进行深刻分析的基础上，抓住最基本的、最能说明问题本质特征的统计指标，对金融统计资料进行加工整理，这是金融统计整理必须遵循的原则。

金融统计整理的一般步骤如下：第一，设计和编制金融统计资料的汇总方案。正确制订汇总方案，是确保有计划、有组织地进行整理的首要步骤，是金融统计设计在金融统计整理阶段的具体化。金融统计汇总方案应明确规定各种统计分组和各项汇总指标。第二，对原始资料进行审核。在汇总前，要对金融统计调查资料进行审核，主要是审核原始资料是否准确、及时、完整，发现问题及时纠正。第三，用一定的组织形式和方法，对原始资料进行分组、汇总和计算。根据汇总要求和具体条件，选择适当的汇总形式和汇总方法。要按汇总方法进行汇总，计算各组指标和综合指标。第四，对整理好的资料进行审核，改正在汇总过程中所发生的各种差错。第五，编制金融统计报表，以简明扼要的方式来反映金融现象在数量方面的有关联系。

由金融统计整理的概念可知，金融统计整理主要是对相关资料的分组和汇总。下面，就对金融统计资料的分组和汇总分别加以简要说明。

l. 金融统计分组

金融统计的调查资料大多是比较零散的，为了深刻揭示金融现象的内在联系与结构特征，同样也必须根据金融统计的研究目的及研究现象的特征进行分组，使之形成具有稳定性的、系统化的资料，为金融现象的深入分析打下基础。

一般来说，进行统计分组的首要问题在于能否正确地选择分组标志。这里所说的分组标志就是将统计总体划分为若干个性质不同的标准，比如可按规模大小进行分组，也可按产权结果进行分组，还可按所经营的产品进行分组等。由此可见，依据不同的分组标志，分组的结果也就不同。分组标志一经选定，就必然突出了总体在此标志下的性质差异而掩盖了总体在其他标志下的差异。因此，正确选择分组标志就成为统计分组的关键问题。

正确选择分组标志，必须遵循以下两个原则：第一，根据统计研究的目的来选择。不同的研究对象，应选择不同的分组标志。即使是同一研究对象，也应根据不同的研究目的而选择不同的分组标志。统计研究目的对选择分组标志起决定性作用。第二，必须根据研究对象的特点，选择最本质的标志。由于社会经济现象是复杂多样的，在选择分组标志时，根据研究目的，既可以选择唯一的分组标志，也可以选择众多的分组标志。

按照分组的任务和作用、分组标志的多少及分组标志的性质等，可以对金融统计进行分类。

按照其任务和作用不同，金融统计分组可以分为类型分组、结构分组和分析分组，从而划分金融现象的性质与经济类型、研究同类总体的结构和分析被研究现象总体各个标志之间的依存关系。例如，金融机构按性质可分为中央银行、商业银行、政策性银行以及非银行金融机构；商业银行按经济类型又可以分为国有独资商业银行、股份制商业银行和其他商业银行等。任何统计分组都可以对总体进行结构分析，因此，类型分组、结构分组往往是相互联系的。

按照分组标志的多少，金融统计可以分为简单分组和复合分组。简单分组，是指总体按一个分组标志进行分组。对同一总体选择两个或两个以上的标志分别进行简单分组，就形成平行分组体系。简单分组就是仅以一个标志进行分组。复合分组，是指对同一总体选择两个或两个以上的标志在同一栏目中层叠起来进行分组。由若干个复合分组组成的分组体系称为复合分组体系。由于许多金融问题关系复杂，因此常常需要进行多层次分组。例如，信贷资金的来源与运用不仅涉及各项具体内容，而且涉及国民经济的各个部门，这就需要按国民经济部门和信贷资金的来源与运用的各构成项目进行多层次分组，以便深入地反映信贷资金来源与运用的结构关系。

2. 金融统计汇总

一般来说，统计汇总主要有以下几种组织形式：第一，逐级汇总，是指按照一定的管理体制，自下而上地对调查资料逐级进行汇总。这种形式的优点是：能满足各级部门对调查资料的需要，同时便于就地审核和订正原始资料；缺点是：耗时较长，容易出现差错。第二，集中汇总，是指将全部资料集中到组织统计调查的最高机关进行一次性汇总。其优点是：可以缩短汇总时间，减少汇总差错；缺点是：原始资料如有差错，不能立即订正，且汇总结果不能够及时满足各级部门的需要。第三，综合汇总，是指一方面对一些基本的统计指标进行逐级汇总，另一方面又将全部资料实行集中汇总。这种组织形式综合了逐级汇总和集中汇总的优点，但是又比逐级汇总和集中汇总花费更多的人力、物力和财力。

统计汇总的技术主要有手工汇总和计算机汇总两种。随着信息技术的突飞猛进和经济水平的不断提高，手工汇总中的一些形式将被逐渐淘汰，而逐步过渡到计算机汇总。

在我国，金融统计资料的汇总工作都采用计算机技术。汇总的程序包括：第一，编码，即根据程序的规定把汉字数字化。为了用计算机处理分组问题，首先要把各种分组标志所拟定的各级名称给以数字代号。无论是调查资料的编码还是国民经济和金融活动的各种重要分类，都要严格执行国家统一的规定。编码的质量不仅影响数据录入的质量和速度，而且还影响数据处理的最终结果。第二，编程序，即根据统计整理方案的要求，用计算机语言，对计算机在汇总中的工作程序进行安排，对于规范化的管理方案，可以制作成汇总程序软件。第三，数据录入，是指实际数字和编码通过录入设备记载到存储介质上。第四，逻辑检查，也称数据的编辑或编审，即按照事先规定的逻辑规则，由计算机自动对录入的数据进行检查。第五，数据计算处理。通过有关计算规则进行计算。第六，制表打印，是指按照汇总程序，将汇总结果以统计表的形式打印出来。

国际货币基金组织定期编印的《国际金融统计》是按照三级汇总的原则对金融数据进行整理的，向公众提供各成员国货币和经济发展的重要统计数据。第一级是将金融资料合并成三个职能部门：货币当局（MAS）、存款货币银行（DMBs）和其他金融机构（OFIs）。第二级是将货币当局和存款货币银行的资料合并成"货币概览"，它提供了关于货币和信贷的统计方法及数据资料。第三级是其他金融机构和"货币概览"合并成"金融概览"。

（四）金融统计分析

金融统计分析要坚持以下原则：第一，坚持实事求是的原则。坚持实事求是对统计分析尤为重要，违背了这一原则，统计分析即使具有极其丰富的资料，也会成为一纸空文，甚至起到不良作用。要坚持实事求是，就要做到以下几个方面：首先，数字要准确，情况要真实。数字的准确性是统计工作的生命线，而统计分析是用统计数字作为立论的依据，只有依据准确的统计数字，才有可能得出符合实际的结论。其次，要尊重客观实际，切忌主观臆断；要有全局观点，切忌片面性。再次，要敢于讲真话，不能随波逐流，不能隐瞒错误和缺点。第二，以党和国家的方针政策为准绳。统计工作的基本任务之一就是检查与监督各地区、各部门执行党和国家方针政策与计划的执行情况。统计分析人员要认真学习和熟悉有关的方针政策，并以这些政策为准绳来衡量各项经济活动和社会发展是否偏离了方向。第三，以社会主义市场经济理论为指导。统计分析主要是分析社会经济现象的发展变化状况，因此必须紧密结合我国具体情况，以社会主义市场经济理论为指导。

统计分析的一般步骤如下：第一，确定分析目的并选定分析题目；第二，拟订分析提纲；第三，搜集、鉴别、整理资料；第四，进行分析，得出结论；第五，根据分析结果得出统计分析报告。

金融统计分析，主要有金融统计指标法、金融统计预测分析法、金融统计指标综合分析法。下面逐一加以说明。

l. 金融统计指标法

金融统计指标，是指根据金融监管以及金融企业自身发展的需要，按照金融统计制度对金融业务活动进行调查、归纳、汇总而设计的统计项目，它由指标名称及其数值构成，反映某种金融现象的具体数量或数量关系。按照不同的分类标准，金融统计指标可以分为数量指标与质量指标、绝对指标与相对指标。金融统计数量指标又称金融统计总量指标，一般用绝对数表示，如存贷款总额、货币流通量、货币供给量等。金融统计质量指标是表明金融现象质量的指标，一般用相对数或平均数表示，如存贷款利率、汇率、资本充足率等。一系列相互联系的金融统计指标所构成的金融核算整体，就构成了金融统计指标体系。金融统计指标及金融统计指标体系的设立体现了政府在一定时期内发展经济的方针政策，反映金融业务活动的发展状况，是进行金融统计分析的基础。

2. 金融统计预测分析法

金融统计预测，是指以大量的实际金融统计资料所反映的金融现象的发展规律和数量对比关系，运用统计方法，预测金融现象未来可能出现的趋势和达到的水平。按照方法性质的不同，金融统计预测方法分为定性预测法和定量预测法，按照预测时间状态的不同可分为静态预测和动态预测，按照预测方法和模型的不同可分为时间序列预测和回归预测，按照时间长短的不同可分为短期预测、中期预测和长期预测，等等。

3. 金融统计指标综合分析法

金融统计指标综合分析法就是依据所建立的金融统计指标体系，通过对各种相互联系的指标的比较，从宏观或微观方面对各种金融现象进行综合分析研究。

（五）金融统计报告

在金融统计分析的基础上，撰写金融统计研究报告。该报告一般包括以下几个部分：研究的背景和目的、研究的基本过程、主要的结论、结论的成因分析、对策研究、附录。

第四节　金融统计应遵循的原则

在实际金融运行中，金融交易者众多，交易品种不尽相同，价格记录与核算千差万别，因此必须确定相应的统计原则。金融统计的核心原则主要是所有权原则和统计核算原则，其中所有权原则是确定金融统计的主体分类的原则，统计核算原则确定了统计的具体操作原则。

一、所有权原则

所有权原则是确定金融统计范畴的基本原则，其涉及以谁为主体进行统计。以谁为主体进行统计本质上就是对机构单位与部门进行分类。在交易中拥有资产和承担负债并能独立从事经济活动，并和其他实体进行交易的经济实体，称为机构单位。机构单位是微观概念，要实现金融统计的宏观核算要求，还需要对机构单位进行分类汇总成为机构部门。

机构单位分为常住单位与非常住单位。常住单位，是指在一国的经济领土内具有经济利益中心的机构单位。而在非经济领土或虽在经济领土但不具有经济利益中心的机构单位，是非常住单位。外国驻本国的使馆、领馆和国际机构在本国的办事机构等，就是本国的非常住单位。

常住单位一般分为非金融性公司、金融性公司、广义政府、住户和为住户服务的非营利机构五个部门。

非金融性公司或准公司是指以为市场生产货物和服务为目的而成立的法律实体或企业。它一般划分为三个子部门：①公共非金融性公司；②非金融性私人公司；③外国控制的非金融性公司。

金融性公司是指主要从事金融中介或相关辅助性金融活动的公司或准公司。它一般又划分为五个子部门：①中央银行；②其他存款性公司；③其他金融中介，但保险公司和养老基金除外；④保险公司和养老基金；⑤金融辅助管理机构。

广义政府是通过政治程序建立并在特定领域对其他机构单位拥有立法、司法或行政权力的独立法人实体。它分为中央政府和地方政府。

住户是指共享同样的生活设施、集中部分或全部收入和财产，并共同消费一些货物或服务的一小群体人。住户包括非法人的企业。住户部门可以根据住户的类型或其他标准划分为若干子部门。

为住户服务的非营利机构是为生产或服务而成立的法人或社会实体，可以分为由政府单位控制并主要或全部资助的非营利机构和其他非营利机构。

在机构部门分类中，所有非常住单位放在一起，组成的部门，称为国外部门。对于国外部门来说，不是统计它的所有金融资产和金融负债的流量和存量，而仅仅反映它与常住单位间的金融交易活动。

通过上述机构单位的划分，机构部门归纳一般如下：非金融性公司；金融性公司；广义政府；住户；为住户服务的非营利机构；国外。

由所有权原则衍生出金融统计中流量与存量的统计关系。对于金融交易的主体来说，金融存量和流量关系表示为：

期初存量±期间总流量＝期末存量

期初存量是统计阶段开始时的总存量价值。总流量分为交易、重新定值和资产数量的其他变化。交易是指金融工具所有权的改变；重新定值是由价格变化而使金融工具价值发生变化，这个变化会产生金融流量；资产数量的其他变化是指资产和负债的变化，而不是从交易和重新定值产生的金融流量，如债权的冲销等。期末存量是统计阶段结束时的总存量价值。

二、统计核算原则

金融统计的统计核算原则主要是对金融交易主体进行交易统计时记录时间、价格等原则的确定。这些原则包括定值、记录时间、汇总等。

(一) 金融资产和金融负债的定值

金融资产价格是其收益市场化的表现。金融资产价格与其收益成正比，与市场收益率成反比。金融资产价格的确定比其他普通商品更复杂。这除了它的价格反映的价值具有虚拟性以外，主要原因是：金融资产种类繁多，价格表现形式不一。如债券与股票的价格表现形式就不一样，债券的收益基本事先确定，表现为利息率，若确定的利息率与市场利息率一致且采取面额发售，其价格就是票面额。而股票的收益是预期的，其价格与面额差距较大，价格可能高于或低于其面额。同属债权的贷款和债券其价格表现形式也不完全相同，贷款因不转让流通，其价格就是与贷款利息率相对应的贷款额。随着金融创新的不断发展，许多金融衍生产品相继出现，其价格表现更为复杂。金融资产拥有期间价格也会发生变化。如持有外汇，若汇率发生变化，其价格就要相应调整，还有贷款的损失等。金融资产价格发生变化，就需要对金融资产价值进行调整。

金融资产定值具有复杂性，因此有必要在统计核算上确定一些基本原则：金融资产和金融负债的定值以市场价格或者市场价格的等量价值为基础；外汇的价值以买卖汇率的中间价值折算；贷款的本币价值应是债权人持有的债权余额（贷款本金加应计利息）；股票和股权应根据市场价格或公平价值计算。对债务重组、保值利息和本金以及金融衍生产品的定值也确定了相应原则。

(二) 记录时间

金融资产因交易方式不同、交易地不同、会计记账方法不同，可能在交易记录时间上存在差异。为使交易记录日期相同，也需要有一些原则规定。金融资产记录时间，是指金融资产的所有权发生改变，即解除所有权利、义务和风险后对交易记录的时间。交易双方不在同一城市，结算及邮件的拖延可能使双方记录的时间不一致。在这种情况下，可能需要调整。权责发生制、现金收付制、承诺制等会计记账方法不同，记录时间就会不同。同样，不同的金融资产如存款、贷款及其他金融工具，其交易方式不同，记录时间也要采用不同的统计处理方法。特别是利息及其拖欠，更需要采用特殊的统计处理方法。

(三) 汇总、合并和轧差

汇总指的是将某一部门或子部门中的所有机构单位存量或流量进行加总，或将某一类别中的所有资产或负债进行加总。例如，我们要统计存款货币银行的某银行所有储蓄存款及其来源，就需要对存款货币银行的某银行所有储蓄机构的资产负债进行汇总；又如，要统计出货币供应量中的活期存款，就需要对所有金融机构的活期存款进行汇总。

合并是指冲销属于一个集团之内的机构单位之间发生的存量和流量。合并范围的大小，决定冲销范围的大小。例如，我们合并农村信用社机构资产负债表，就要冲销各农村信用社之间的同业拆借、应收应付款等；合并存款货币银行的资产负债表，就要冲销由各存款货币银行之间业务往来而引起的资产负债变动的流量和存量。

轧差净额是与总额相对应的。某个机构单位或部门可能从事同类交易，既有资金运用

（资产）也有资金来源（负债），拥有同类金融工具，按全部价值记录所有基本项目的方法，称为总额记录。抵消的过程称为轧差。例如，某银行结算中既有汇出款项，也有汇入款项，将汇出款项与汇入款项轧差，可以反映该银行净汇入或净汇出款项规模。

第二章　现代货币金融与信贷收支统计

第一节　货币统计框架与分析

一、货币统计概述

广义货币是特定部门发行的、由特定部门持有的具有充分货币性的金融资产，国际货币基金组织的广义货币一般从三个方面来定义：一是属于广义货币的金融资产；二是货币的持有部门；三是货币的发行部门。

（一）纳入广义货币的金融资产

1. 货币的基本职能

货币职能为交换工具、价值储藏、记账单位和延期支付的标准。

交换工具是指在无须以货易货的情况下获得物品、服务和金融资产的工具；价值储藏是指货币作为持有财富的方式，货币币值越稳定，则发挥价值储藏的功能就越充分；记账单位是指货币表现商品、服务、金融和非金融资产价值的标准，这为价值对比和编制财务报表提供了方法；延期支付的标准是指货币作为计价支付的单位，能够将合同中的目前价值与未来价值联系起来。在货币的四个基本功能中，前两个功能是主要的，后两个功能是次要的。

2. 广义货币的主要特征

广义货币的交易成本、可划分性、期限以及收益是金融资产的主要特征。

（1）交易成本。许多种类的存款以及一些类型的证券都可以转换为现金或可转让存款，并且不以费用或其他收费的方式产生显性成本，或不以拖延转换过程的方式产生隐性成本。

（2）可划分性。是指这种金融资产可以划分为各种面值，用于支付极为细小的交易。

（3）期限。期限是广义货币组成部分的主要决定因素。它是指这种金融资产规定的到期支付转让的时间，期限越短，货币性越强。

(4) 收益。是指这种金融资产是生息资产，或虽不生息但能获得很低的利息，持有它会弥补因持有其他资产可能产生的利息损失。

3. 金融资产的货币性

金融资产的货币性是指金融资产在多大程度上纳入广义的货币范围之内。这里主要对现金、可转让存款、其他存款、非股票证券、贷款、股票和其他权益、保险技术准备金、金融衍生工具、其他应收或应付账款等是否应该纳入广义货币进行分析。

(1) 现金。现金包括能直接用于交换工具的纸币和铸币，所有国家都将其纳入广义货币总量。现金的货币特征为：在国内和一定区域是法定货币，广为接受；可直接用于第三方支付，具有完全的可转让性；交易成本为零；可分割成更小的单位。

(2) 可转让存款。可转让存款包括能够在无任何惩罚或限制的情况下以面值进行支付的存款；能够以支票、汇票、转账指令或其他直接支付工具进行第三方支付的存款。可转让存款的货币特征仅次于现金，世界各国都将其纳入广义货币中。金融性公司或非金融性公司发行的旅行支票具有可转让存款的特征。存款性公司发行的现金支票和类似的负债通常划分为可转让存款。

(3) 其他存款。其他存款包括所有不可转让存款，主要有定期存款、储蓄存款、外币存款、不能直接用于第三方支付的活期存款、股份或储蓄贷款协会机构吸收的其他存款以及其他种类的存款。其他存款的货币性次于现金和可转让存款，但除特别限制外，它们通常也被纳入广义货币范围。

(4) 非股票证券。非股票证券包括债券、企业票据和大额存单。由于期限、流动性不同，有的被纳入广义货币范围内，有的未被纳入广义货币范围内。由存款性公司发行的期限较短的股票以外的证券，如果在期满之前进行交易，能够以合理的价格和时滞转换为现金或可转让存款，则它们通常被归入广义货币总量。存款性公司发行的可转让存单和企业票据通常能在二级市场上交易，这使它们在一些国家被纳入货币总量。存款性公司发行的银行承兑票据有的可在二级市场上进行交易，则它们被归入广义货币，但银行承兑汇票更多的是在特定市场进行交易或其流动性受其他限制，如果属于这种情况，则它们被排除在广义货币之外。有的中期证券（如期限为两年或更短的证券）被归入广义货币。长期证券即使能够在二级市场上进行交易，由于它们的价值随利率变化而发生波动，其流动性要低得多，所以长期证券通常不包括在广义货币总量之内。

(5) 贷款。贷款通常是指在借贷双方之间订立的金融合约，具有直接和具体性，借款人按合约到期偿还贷款人本金和利息，这使许多贷款非常不具有流动性，它们通常不包括在广义货币之内。

(6) 股票和其他权益。股票和其他权益可作为价值储藏手段，并且可以在证券交易所或场外交易中换成现金或可转让存款，但是转换会产生拖延时间和交易成本，并且在市场上交易价格也可能发生变化，因此流动性有限，这使这部分金融资产被排除在广义货币之外。

(7) 保险技术准备金。保险技术准备金因非常不具有流动性，一般不包括在货币总量之内。

(8) 金融衍生工具。有的金融衍生工具也能够用来交易，但因其价格波动幅度较大，因此大多数被排除在广义货币之外。

(9) 其他应收或应付账款。其他应收或应付账款本身缺乏归入广义货币所必需的流动性，因此被排除在广义货币之外。

（二）货币持有部门

对宏观经济产生较大影响的部门，所持有的货币纳入广义货币的范围；对宏观经济产生的影响较小甚至没有相关关系的部门，持有的货币不纳入广义货币范围之内。

货币持有部门一般包括：①公共和其他非金融性公司；②中央政府以外的其他政府单位；③住户和为住户服务的非营利机构；④金融性公司部门中除存款性公司分部门（即中央银行和其他存款性公司）之外的所有机构单位。这些部门持有的货币性金融资产用于经济交易中，对宏观经济将产生显著的影响，它们通常被纳入广义货币总量之内。

被排除在货币持有部门之外的机构单位有：①中央政府。中央政府持有的存款等不包括在货币总量之内，这是因为对有些国家来说，中央政府的存款并不像货币持有部门那样对宏观经济产生同样的影响，这是由中央政府的融资约束、支出决定以及现金管理技术所决定的。②存款性公司。存款性公司持有的现金和存款不纳入广义货币的原因与中央银行持有现金不纳入广义货币的原因相似。③非常住者。非常住者持有的本国的金融资产通常排除在广义货币之外。这是因为非常住者持有的金融资产服务于国外贸易，而不服务于国内贸易。

从原则上讲，非常住者持有的存款不包括在广义货币之内，但对外劳务人员在本国存款性公司持有的存款可以自由地被指定家庭成员或其他指定方用来在本国进行交易，在这种情况下，这些存款也应纳入广义货币。同样，跨国工人（在国内工作的邻国居民）可能在他们工作的国家拥有存款，如果这种存款在他们工作的国家，而不是在他们居住的国家使用，就应将其归入工作所在地国家的货币量，而不是作为对非常住者的负债。

（三）货币发行部门

为了从货币供给的角度对货币总量进行分析，讨论货币发行部门。货币发行部门通常包括中央银行和其他存款性公司。中央银行发行本国货币，也可以发行包括在广义货币中的存款或证券。其他存款性公司吸收的存款可看作是其发行的存款凭证，这样其他存款性公司也是货币发行部门。这与我们通常所说的中央银行是货币发行部门，其他存款性公司创造存款货币是一致的。这就是说，该国的中央银行发行的通货、吸收的存款和其他存款性公司吸收的存款构成了该国的广义货币。

在有些国家，中央银行是通货的唯一发行机关，在有些国家可能不是。例如，有的国家由财政部发行铸币，有的国家财政部也发行纸币，在这种情况下，事实上财政部发行的铸币或纸币已经构成了该国的广义货币，它们已经成为货币发行部门。有些国家的公共非金融性公司，如邮政储蓄机构接受的其他负债也归入国家定义的广义货币总量中，这些机构也已成为广义货币的发行部门。

综上所述，货币发行部门可能包括：①存款性公司；②中央政府；③非金融性公司；④非常住者。被排除在货币发行部门之外的可能有：①住户；②不发行票据和债券的非金融性公司；③地方政府；④未把外币纳入广义货币的国家的非常住者。

（四）货币的计量方法

货币的计量方法是指一国依据对其金融公司的相应金融资产和负债的"货币性"强弱的判断，所选择的计量货币总量的统计形式。由于宏观经济管理的需要，各国均需要选择适合宏观经济分析的货币总量来反映经济发展情况。下面对几种主要的货币计量方法进行介绍。

1. 简单加总法

简单加总法的基本思路是：先根据金融资产的流动性来划分货币供应量层次，然后将不同层次的货币总量指标，如 M_0、M_1、M_2、M_3 等，按各自包括的组成部分以相等的权数简单相加。处在该序列中的位置越低，其货币性越强；相反，处在该序列中的位置越高，其货币性越弱。

由于简单加总法计量货币总量较为简单，因此为大多数国家所采用。但是除了确定哪些成分应包括在货币总量之内这个问题外，这种传统的货币总量计量方法也受到了批评。因为简单加总的货币总量与其他的宏观经济指标在统计方法上并不一致，货币总量是存量概念，而其他经济指标，如国内生产总值、价格指数、就业水平、汇率水平、进出口总量等，则为流量概念，因此简单相加不是合适的方法。

2. 加权汇总法

加权汇总法的基本思路是以相应金融工具的尽可能细分为基础，选择一定的方法对各种金融工具的"货币性"强弱进行测定，再以测定的结果为权数，对每一种金融工具进行加权汇总，其实质是加权平均数形式的货币总量。显然，在该方法中对每一类金融工具"货币性"强弱的判断是关键，判断的具体方法有很多，这里介绍两种主要的方法。

一种是建立在经验分析基础上的专家判断法。我们不妨假设已知货币主要由现金和储蓄存款组成，其中现金为800，储蓄存款为3000，并通过经验分析可得现金的权数为1（表示有100%的货币性或流动性），把储蓄存款的权数定为0.3（表示有30%的货币性），则加权货币总量=800×1+3000×0.3=1700。该结果与简单加总法计算的货币总量3800相比，差异很大。

另一种是由巴内特和思宾德先后提出的依靠指数和加总理论计算的各种货币总量指标，基本思想是根据每种金融工具放弃的货币资产利息的大小来衡量其"货币性"的强弱，即放弃的利息越多，则意味着更具备货币特定，反之则相反。有关货币总量计量的基本公式如下所示：

(1) 单个金融工具的单位货币服务量。

$$MS_t^r = r_t^b - r_t^i$$

式中：MS_t^r 是第 t 期第 i 种工具的货币服务量；r_t^b 是第 t 期的作为参照物的金融工具的基准利率；r_t^i 是第 t 期第 i 种工具的收益率。

上式是对单个金融工具单位货币服务量的测算，其作为参照物的金融工具通常为一年期的国债或公司债券，货币服务量的数值越大，意指投资该工具所放弃的收益越多，货币性更强，反之则相反。

(2) 货币服务总量。

$$TMS_t = \sum_i \left(r_t^b - r_t^i \right) m_t^i$$

式中：TMS_t 是第 t 期的货币服务总量；m_t^i 是第 t 期第 i 种金融工具的数量。

上式是对所有金融工具货币性的总的衡量，即将每一种金融工具的服务加总的结果。

(3) 拉式加权货币服务总量。

$$LWMS_t^i = \sum_i \left(r_0^b - r_0^i \right) m_t^i$$

式中：$LWMS_t^i$ 是第 i 种金融工具在第 t 期的拉式加权货币服务总量；r_0^i 第 i 种工具在基期的收益率；r_0^b 是作为参照物的某种金融工具在基期的基准利率。

上式是以基期的单位单个金融工具货币服务测定为基础，对第 t 期金融工具数量进行加权汇总的结果。它是计算拉式货币服务指数的基础。

(4) 拉式货币服务指数。

$$LMSI_t = \frac{\sum_i \left(r_0^b - r_0^i \right) m_t^i}{\sum_i \left(r_0^b - r_0^i \right) m_0^i}$$

式中：$LMSI_t$ 是第 t 期的拉式货币服务指数；i 是第 i 种金融工具在基期的数量。

上式是统计指数，它反映的是所有货币服务总量的动态及平均变化程度，它提供了度量货币性服务增长的方法。由于拉式指数使用固定基期权数，因此用这种方法度量时，可不受一定时期利率变化的影响。

(5) Divisia 货币服务指数。

$$\log D_t = \log D_{t-1} + \sum_i^N \frac{S_t^i + S_{t-1}^i}{2}\left(\log m_t^i - \log m_{t-1}^i\right)$$

式中：D_t 是第 t 期的货币总量；$S_t^i = \frac{p_t^i m_t^i}{\sum_k p_t^k m_t^k}$ 是第 i 种货币资产占总支出的比重；m_t^i 是第 i 种货币资产在时刻 t 的数量；p_t^i 是第 i 种货币资产在时刻 t 的机会成本，它是由第 i 种货币资产的自身收益与某一基准利率决定的，其计算公式为：

$$p_t^i = \frac{R_t - r_t^i}{R_t + r_0}$$

式中：R_t 是基准利率；r_t^i 第 i 种货币资产的自身收益；r_0 是极小的常数。

上式表明，Divisia 货币服务指数是随时间变化的加权货币总量，其权重表现为每一种货币提供服务占所有货币资产提供服务总量的比重，通过加权来体现不同货币层次的结构，进而对宏观经济指标予以反映。因此，Divisia 货币总量可以体现出各个货币层次由于流动性、安全性、机会成本带来的结构上的差异。

（五）流动性总量

广义货币并不能反映全社会的所有流动性状况，经济生活中还有一些具有流动性但未纳入国家定义的广义货币范围之内的金融资产（或负债），被排除在统计监测范围之外。在广义货币基础上设置流动性总量监测已经是一些国家的货币金融统计实践。

（六）广义货币与基础货币和货币乘数

广义货币主要由通货和存款构成，通货和存款的创造也就是广义货币的创造。下面我们分别对广义货币的两个组成部分进行讨论。

1. 通货的创造

通货即流通中的现金，包括纸币和铸币。通货一般由中央银行发行，也就是说，中央银行创造通货。中央银行发行的货币具有无限法偿权，是一国的法定货币，在交易中被普遍接受。

从通货创造的制度和机制方面来看，通货首先是建立在中央银行制度基础上的，并通过中央银行与其他存款性公司的存贷关系被创造出来。在现代中央银行制度下，其他存款性公司一般都在中央银行开立存款账户，用于核算上缴的存款准备金、其他存款性公司间的资金清算以及其他存款性提取和回缴的现金。在实际操作中，提取和回缴现金是与存款核算一起进行的。也就是说，其他存款性公司从中央银行提取现金，反映为其存款减少；

反之则反映为存款增加。其他存款性公司要从中央银行提取现金，必须在中央银行账户有存款，否则，它不可能提取现金，通货创造也就无从谈起。当然，其他存款性公司在中央银行账户没有存款也可以通过透支或向中央银行贷款等途径获得现金。

通货从中央银行转移到其他存款性公司后，尚不构成广义货币的通货，还需要支付给客户投放到市场才真正创造出货币来。这就需要在银行和客户间建立信贷业务途径。与其他存款性公司在中央银行建立存款账户一样，客户在其他存款性公司也需要建立存款账户。当客户需要现金而从其他存款性公司提取时，反映为其账户存款的减少。客户从其他存款性公司提取现金，才真正使货币创造出来。

综上所述，通货是建立在现代金融制度基础上，通过中央银行与其他存款性公司及其他存款性公司与客户间的信贷关系被创造出来的。

2. 存款的创造

为了说明存款的创造过程，我们把其他存款性公司的存款分为原始存款与派生存款两部分。原始存款是指其他存款性公司接受客户现金所形成的存款。这部分存款不会引起货币量的变化，仅仅是流通性的现金变成了银行的存款，存款的增加正好抵消了流通中现金的减少。从理论上分析，原始存款是其他存款性公司从未使用其放贷的存款，是货币的表现形式。如果中央银行不增加基础货币供应量，则其他存款性公司的原始存款就难以增加。

派生存款是相对原始存款而言的，是由其他存款性公司贷款等资产运用业务而创造的存款。其他存款性公司的原始存款可以作为准备金存款，因为其流动性最强，随时可以应付客户提存的需要。其他存款性公司拥有众多客户，其存款总是有进有出、有存有取、川流不息，在正常情况下，众多客户不会同时向银行提款。因此，其他存款性公司在获得存款后，除去按法定准备率向中央银行缴存一部分准备金外，其余部分可用于发放贷款等资产运用。在现代货币制度下，其他存款性公司的贷款等资产运用业务又会形成新的存款，这些新的存款就是派生存款。

派生存款的创造过程是：其他存款性公司（存款货币银行）吸收客户的原始存款后，按法定存款准备金要求保留部分法定准备金，其余全部运用于贷款等，获得贷款的客户不用或很少提取现金，而将全部或大部分贷款存入自己的存款账户，这时就存款银行系统而言，在原始存款之外，又出现了新存款。接受这笔新存款的银行除了保留部分法定准备金外，用剩余部分发放贷款等，取得贷款的客户将这部分收入再存入银行，又形成新的存款。上述过程依次持续下去，众多银行通过自己的资产业务对原始存款连续运用，从而创造出数倍于原始存款的派生存款。

3. 广义货币与基础货币和货币乘数的关系

把原始存款追溯到其他存款性公司在中央银行的存款，因为原始存款或来自流通中的现金，是中央银行发行的通货，而现金投放也来自存款货币银行在中央银行的存款；或来自其他存款性公司的贷款，其他存款性公司贷款要受法定存款准备金制约等。从中央银行宏观调控的角度看,其他存款性公司在中央银行的存款是中央银行调控的工具之一,我们把它称为基础货币。存款的创造有个乘数的作用,这个乘数是相对于整个基础货币而言的,我们称之为货币乘数。这样,广义货币的创造可概括为:

广义货币 = 基础货币 × 货币乘数

二、MFS中的货币统计框架

货币统计是对金融性公司部门资产和负债的统计,并按统计基本准则,采取编制部门资产负债表和概览的表述方式。以下探讨《货币与金融统计手册》中的货币统计框架。

(一)货币统计的基本方法

货币统计的对象——金融性公司是由不同的金融机构构成的。按金融性公司构成,将金融公司分为分部门和次部门,并编制不同分部门和次部门资产负债表,再将各分部门的资产负债表合并成概览,这就是货币统计的基本方法。

1. 金融性公司的分类体系

金融性公司是由多层次的分类体系构成的整体,金融性公司通常分为三个层次:

第一层次,金融性公司分为中央银行、其他存款性公司和其他金融性公司三个分部门。

第二层次,金融性公司的每个分部门又分为若干个次部门。中央银行分部门一般又分为中央银行、货币委员会、特别基金和信托账户、发挥中央银行职能的独立机构、区域性中央银行的国家分行等次部门;其他存款性公司分部门一般分为商业银行、离岸银行、旅行支票公司等次部门;其他金融性公司分部门又分为保险公司、养老基金和其他金融媒介等次部门。

第三层次,金融性公司分部门下的次部门又分为若干个金融机构单位。比如其他存款性公司分部门下的次部门——商业银行,可能是由甲商业银行、乙商业银行等独立法人单位构成。金融性公司部门分类层次是可变化的,它取决于统计分析的需要。

2. 货币统计汇并层次

货币统计的基本方法是在金融性公司分类的基础上对报表数据逐级汇总、合并和轧差。通常包括以下几个层次:

第一层次是将单个金融单位的存量和流量数据汇总成次部门资产负债表;再将次部门资产负债表汇总成分部门资产负债表,即中央银行资产负债表、其他存款性公司资产负债表、其他金融性公司资产负债表。

第二层次是将分部门资产负债表的数据合并,编制中央银行、其他存款性公司和其他金融性公司概览。中央银行概览是合并中央银行资产负债表编制而成;其他存款性公司概览是合并其他存款性公司部门的资产负债表编制而成;其他金融性公司概览是合并其他金融性公司资产负债表编制而成。

第三层次是编制存款性公司概览。它由中央银行概览与其他存款性公司概览合并而成。

第四层次是编制金融性公司概览。它由存款性公司概览与其他金融性公司概览合并而成。

（二）部门资产负债表

1. 部门资产负债表的含义

部门资产负债表是在金融机构单位存量和流量的基础上汇总编制的，它也可分为分部门资产负债表、次部门资产负债表等。金融性公司分部门下的次部门资产负债表是货币统计汇总中的重要层次。

次部门资产负债表汇并的数据是最基础的数据。这些数据来自次部门所包括的机构单位的会计或业务记录。机构单位的金融业务反映了其资产或负债流量和存量的变化，而这些变化表现出的数据是金融性公司部门最基层的核算单位的数据。在部门资产负债表的基础上可以编制三个层次的概览。次部门资产负债表汇总的是同类金融机构单位的数据。分部门资产负债表汇总的是其中次部门的数据。

2. 部门资产负债表的内容

部门资产负债表的表式结构和标准的公司资产负债表是相似的，包括资产、负债和资本账户。

部门资产负债表运用会计复制记账法，按每笔交易的内容，以相等的金额分别在两个（或两个以上）项目的借方（左边）和贷方（右边）平行进行登录。表内各项目本身存在平衡关系，即资产＝负债＋净值。

部门资产负债表反映了资产和负债的流量和存量，它不仅反映了金融的存量，而且依据流量与存量的关系（期末存量＝期初存量＋期内交易＋重新定值＋其他数量变化），分别列出了期初存量和期末存量以及特定时期内的交易、定值变化和资产数量的其他变化中产生的金融流量。货币统计既包括存量核算，也包括流量核算。部门资产负债表中的金融资产和负债首先对工具分类，再按债务人与债权人分类。

3. 部门资产负债表的编制

部门资产负债表是汇总金融机构单位金融资产和负债的存量和流量编制而成的。编制部门资产负债表一般有以下环节：

一是对机构单位的数据进行审核、评估和调整：①对那些采用不同会计和报告标准的机构单位的有关数据进行评估；②对未按市场价格计价的数据进行再评估；③对未按统一分类和核算标准计量的数据进行调整；④对以外币计价的头寸采用统一的计价方法；⑤对误报的数据予以调整；⑥对遗漏的数据进行评估等。

二是按部门资产负债表所列资产和负债的分类项目对机构单位的项目（或指标）进行归类。比如编制其他存款性公司分部门中商业银行次部门资产负债表，就需要根据商业银行次部门资产负债表所列的项目，对各商业银行机构单位上报的资产负债项目进行归类，把它们归入相应的项目中。

在部门资产负债表中，将单个金融性公司次部门的资产和负债作为单独项目列出，因为金融性公司次部门的金融资产和负债项目较为特殊，不像其他存款性公司的资产和负债分类较为清晰。随着金融业务的发展，金融产品品种不断增多，一方面要修订部门资产负债表中所列项目，以便全面反映机构单位的业务活动；另一方面可在归类时把不易清楚归类的项目单列出来。

三是对次部门各机构单位数据进行汇总，并填入相应的统计项目，编制分部门资产负债表。对次部门内机构单位间的债权和负债，即次部门内某机构单位对本部门内其他机构单位的交叉资产和负债数据，要汇总反映在分部门资产负债表中，不进行对冲，在编制概览时对其进行合并。

（三）概览

I. 概览的含义

概览是将一个或多个金融性公司分部门的资产负债表数据进行合并的资产负债分析报表。概览可以看成是资产负债表。不论概览采取什么表述形式，其反映的内容都是金融性公司资产和负债的流量和存量。因为金融性公司的机构单位上报的也是资产负债表，部门资产负债表只是对机构单位资产负债表的汇总，而概览是对部门资产负债表的合并，其实质仍然是资产负债表。

概览是在部门资产负债表的基础上合并而成的。如果我们把中央银行概览、其他存款性公司概览、其他金融性公司概览看成是第一合并层次，那存款性公司概览和金融性公司概览就是第二和第三合并层次。

2. 概览的内容

概览包括金融性公司三个分部门的概览，即中央银行概览、其他存款性公司概览和其他金融性公司概览，并在此基础上形成两种更高层次的概览：存款性公司概览和金融性公司概览。

概览都是围绕支撑部门资产负债表的会计等式——资产＝负债＋资本编制的。每种概览的资产方都主要表示为对非居民和国内其他部门所提供的信贷资产。中央银行概览和其他存款性公司概览的负债显示了广义货币的组成部分，其中中央银行概览的负债显示了基础货币的构成。金融性公司概览的负债方单独列出了保险技术准备金，因为这种准备金已经成为许多国家其他金融性公司负债的重要组成部分。

分部门概览的共同特征是：对国外资产以总量和净额表述，净国外资产的变化能够体现分部门与世界其他各国进行交易对国内经济造成的直接影响。②对中央政府的债权以净额和总量表述，对中央银行净债权的表述有利于分析金融性公司为中央政府运作提供的融资。③把对中央政府之外的国内其他部门的债权分解为对州及地方政府的债权；对公共非金融性公司的债权；对其他非金融性公司的债权；对其他居民部门的债权，包括住户和为住户服务的非营利性机构。④负债主要根据金融工具种类进行细分，中央银行概览和其他存款性公司概览对广义货币组成部分及非广义货币负债都进行了进一步划分。⑤对股票和其他股权既没有进行部门划分，也没有在合并过程中对冲，相反，它们作为单独的类别列示，这样可以全面说明每一分部门中机构单位的资本基础。

3. 概览的编制

随着概览合并范围的扩大，其部门内交叉资产和负债的对冲范围也在扩大。在编制金融性公司概览时，对金融性公司部门内部所有的往来业务都要进行冲销，它反映的是金融性公司部门与其他部门的债权和债务。

三、我国货币统计框架

（一）我国金融机构的分类

编制金融机构资产负债表和概览都需要区分金融机构的不同性质，下面对金融机构进行界定和划分。

1. 金融机构分类的主要标准

首先，按居民与非居民进行划分。在我国的外资银行分支机构属于货币统计的机构范围，而我国金融机构的海外分支机构不属于货币统计的机构范围。

其次，按业务性质进行类别的划分。对我国金融机构进行类别划分，不是由金融机构的名称决定的，而是取决于金融机构所从事的主要业务的性质，尤其是金融机构负债业务的性质，还要考虑其创造派生存款的能力。

2. 我国金融机构的具体类型

我国金融机构按货币统计要求分为货币当局、存款货币银行、特定存款机构和其他金融机构。划分的标准主要取决于其创造派生存款的能力。

（1）货币当局，是全国性金融机构，它对金融体系的重要方面实行控制，并发行货币、管理国际储备、与国际货币基金组织交往和向金融机构提供信贷等。我国的货币当局为中国人民银行。

（2）存款货币银行，是以活期存款为主要资金来源的金融机构。我国的存款货币银行包括：①国有商业银行；②政策性银行；③其他商业银行；④城市商业银行；⑤农村商业银行；⑥农村合作银行；⑦外资银行；⑧邮政储蓄银行；⑨农村信用社等。

（3）特定存款机构，不是以活期存款为主要的资金来源，其负债也计入广义货币的金融机构。我国的特定存款机构包括：①国家开发银行；②中国进出口银行；③信托公司；④金融租赁公司。

（4）其他金融机构，其负债不包括在广义货币中的金融机构。我国其他金融机构主要包括证券公司、保险公司、资产管理公司等。

（二）我国货币概览与银行概览的构成

我国的货币概览与银行概览是按照《货币与金融统计手册》的要求，结合我国金融统计的实践编制的。其框架包含两个层次的数据编制和表述：第一个层次是以金融统计"全科目"指标的数据为基础，汇总各相关机构的数据，编制资产负债表，主要包括货币当局资产负债表、存款货币银行资产负债表、特定存款机构资产负债表；第二个层次是编制概览表，将货币当局资产负债表和存款货币银行资产负债表进行合并编制货币概览，将货币概览与特定存款机构资产负债表合并编制银行概览。另外，将银行概览与其他金融机构资产负债表合并，可编制金融概览。金融概览为分析整个金融机构对非居民和其他经济部门的债权、债务情况提供数据。

（三）货币当局资产负债表

货币当局资产负债表显示了中国人民银行的国外资产、国内信贷以及储备货币构成等数据，不仅反映了中国人民银行与国外、政府、非金融机构的债权债务关系，也反映了与银行机构中的两类——存款货币银行和特定存款机构的债权债务关系。

1. 资产项目

（1）国外资产，指中国人民银行所掌握的以人民币计值的国家外汇储备、黄金和特别提款权以及中国人民银行在国际金融机构的存款等。

（2）对政府债权，指中国人民银行对政府的借款与透支以及买断国家债券等。

（3）对存款货币银行债权，指中国人民银行对存款货币银行发放的信用贷款、再贴现和债券回购等性质的融资。

（4）对特定存款机构债权，指中国人民银行对特定存款机构发放的信用贷款和债券回购等性质的融资。

（5）对其他金融机构债权，指中国人民银行对其他金融机构发放的信用贷款和债券回购等性质的融资。

（6）对非金融部门债权，指中国人民银行为支持老少边穷地区（主要指革命老区、少数民族自治地区、陆地边境地区和欠发达地区。）经济开发等发放的专项贷款。

(7) 其他资产，如固定资产等。

2. 负债项目

(1) 储备货币，即基础货币，指中国人民银行发行的货币、各金融机构在中国人民银行的准备金存款、邮政储蓄和机关团体存款。
(2) 发行债券，指中国人民银行发行的融资债券。
(3) 国外负债，指中国人民银行对非居民的负债，主要包括国际金融机构在中国人民银行的存款等。
(4) 政府存款，指政府在中国人民银行的存款。
(5) 自有资金，指中国人民银行信贷资金（资本金）。
(6) 其他负债。

货币当局资产负债表是在收集中国人民银行资产负债原始数据和会计核算的基础上，依据会计月报或总账中的各科目数据，按照"货币当局资产负债表与统计指标归属表"填制的。

（四）存款货币银行资产负债表

存款货币银行资产负债表显示了存款货币银行的国外资产、国内债权构成以及国外负债、国内负债构成等数据，不仅反映了存款货币银行与国外、政府、非金融机构的债权债务关系，也反映了与货币当局和银行机构中另一类——特定存款机构的债权债务关系。存款货币银行资产负债表示为资产和负债两个方面。

1. 资产项目

(1) 国外资产，指存款货币银行以人民币计价的对非居民的债权，主要包括购买有价证券、国外存款和库存外币现金。
(2) 储备资产，指存款货币银行在中国人民银行的存款、库存现金。
(3) 中央银行债券，指存款货币银行所持有的中国人民银行发行的债券。
(4) 对政府债权，指存款货币银行持有的国家债券。
(5) 对非金融机构的债权，指存款货币银行对非金融机构的各种贷款和投资等。
(6) 对特定存款机构债权，指存款货币银行存放和拆放给特定存款机构的款项及持有这些机构发行的债券等。
(7) 对其他金融机构债权，指存款货币银行存放和拆放给其他金融机构的款项及持有这些机构发行的债券等。
(8) 其他资产，如固定资产等。

2. 负债项目

(1) 对非金融机构负债，指存款货币银行吸收的非金融机构的本、外币存款等。
(2) 对中央银行负债，指存款货币银行向中国人民银行借入的款项等。
(3) 对特定存款机构负债，指存款货币银行从特定存款机构存入和拆入的款项等。
(4) 对其他金融机构负债，指存款货币银行从其他金融机构存入和拆入的款项等。
(5) 国外负债，指存款货币银行以人民币计价的对非居民的负债，包括非居民外汇存款、境外筹资、委托借款和国外同业存放等。
(6) 债券，指存款货币银行为筹措资金而发行的债券。
(7) 实收资本，是存款货币银行的资本金。
(8) 其他负债。

（五）特定存款机构资产负债表

特定存款机构资产负债表显示了特定存款机构的国外资产、国内债权以及国外负债、国内负债等数据，不仅反映了特定存款机构与国外、政府、非金融机构的债权债务关系，也反映了与货币当局和银行机构中的另一类——存款货币银行的债权债务关系。

特定存款机构资产负债表与存款货币银行资产负债表的项目设置大体相同，对非金融机构资产（国内信贷）又细化为委托贷款、信托贷款、其他贷款。对非金融机构负债没有按照存款期限分类，而分为委托贷款、信托贷款、其他贷款和外币贷款，这是由特定存款机构的资产、负债性质决定的。

（六）货币概览

货币概览是货币当局资产负债表与存款货币银行资产负债表的合并。

货币概览的编制过程为：①将货币当局和存款货币银行的国外资产与国外负债分别轧差后相加，得到国外净资产；②将货币当局的对政府债权与政府存款轧差后与存款货币银行的对政府债权相加，得到对政府净债权；③将货币当局和存款货币银行之间的资产、负债冲销，冲销之后的余数计入货币概览的其他（净）；④将货币当局的货币发行与存款货币银行的库存现金轧差，得到货币概览的流通中现金；⑤将货币当局和存款货币银行对其以外机构的资产、负债项目进行加总，分别按项目列示于货币概览；⑥将不在货币概览中单独列示的货币当局和存款货币银行的项目计入其他（净）。

货币概览反映的是货币当局和存款货币银行作为整体，其对外的资产负债情况，包括对国外、政府、非金融机构以及对金融机构中的货币当局与存款货币银行之外的特定存款机构和其他金融机构。

（七）银行概览

将货币概览与特定存款机构资产负债表合并，可编制出银行概览。

银行概览与货币概览项目设置的唯一不同是，银行概览中没有对特定存款机构的债权,这恰恰是将特定存款机构与货币概览合并成为银行概览的结果。银行概览编制过程是:①将特定存款机构资产负债表的国外资产和国外负债轧差后与货币概览的国外净资产相加,得到银行概览的国外净资产;②将货币概览的对政府净债权与特定存款机构资产负债表的对政府债权相加,得到对政府净债权;③将货币概览与特定存款机构之间的资产、负债冲销之后的余数计入银行概览的其他(净);④将货币概览的流通中现金与特定存款机构的库存现金轧差,得到银行概览的流通中现金;⑤将货币概览和特定存款机构对其以外机构的资产、负债项目进行加总,分别按项目列示于银行概览;⑥将不在银行概览中单独列示的货币概览和特定存款机构的项目计入其他(净)。

银行概览反映的是货币当局和银行机构作为整体,其对外的资产负债情况,包括对国外、政府、非金融机构等。银行概览中的货币和准货币,即我国定义的货币供应量。

四、货币统计分析

货币统计分析包括货币供应量统计分析、基础货币统计分析和货币乘数分析三个方面的内容。

(一)货币供应量统计分析

1. 货币供应量流动性分析

货币供应量按流动性强弱,可划分为 M_0、M_1、M_2 三个层次,M_0、M_1、所占比重的大小反映出货币流动性的强弱。通常用 M_0/M_1、表示货币流动性。

2. 货币供应量形成因素分析

货币概览中的货币和准货币,即广义货币 M_2。对此概览的资产与负债移项可得:
M_2= 国外资产 + 对中央政府债券 + (对非金融部门债权 − 债券 − 中央银行债券) + 对非货币金融机构债权(净) − 所有者权益 − 其他(净)

上式描述了货币供应量与外汇占款、财政透支或借款、债权、其他等因素对货币供应量形成的影响。

3. 货币供应量与经济关系的分析

货币供应量与经济关系的分析,主要是分析货币供应量的增长速度与经济增长速度、物价上涨率之间的关系。

货币供应量与经济增长的关系实际上是社会总需求与社会总供给之间的关系。社会总需求是各经济交易部门在一定时期内以货币表现的支付能力总和。国内生产总值的增长速度是国民经济增长速度的主要综合指标。国内生产总值是指在一国的领土范围内,本国居民在一定时期内(通常是1年)所生产的产品和劳务的总量,以市场价格的货币额表示。

从国内生产总值中扣除固定资本的损耗加上国外要素净收入,即为可支配的国民收入;各经济部门的所得首先用于消费,所余加上可用的折旧,即为总储蓄,这是可用于投资的资源。部门之间储蓄与投资的盈余或不足,由金融中介进行调节,国内储蓄与投资的盈余或赤字,通过国际资本的流动取得平衡,其经济关系可用下式表示:

$$Y = C + I + X,$$

$$X = x - m$$

式中:Y 表示国民收入;C 表示消费;I 表示投资;X 表示进出口净值;x 表示出口;m 表示进口。上式反映了收入、消费、投资、国际贸易之间的基本关系。

各经济交易部门取得的收入首先用于基本的消费,所余即为净储蓄,加上可用的折旧为总储蓄。总储蓄制约着投资规模,公式为:

$$Y - C = I + X$$

$$S = I + X$$

式中:S 表示总储蓄。

总储蓄等于总投资,是观察社会总需求与总供给的重要指标。当国内储蓄大于投资时,就会产生资本净流出;反之,当国内储蓄小于投资时,就会产生资本净流入。

在实际分析中,通常把货币量与经济增长速度和物价进行比较,即

货币供应量增长率 =GDP 增长率 + 物价上涨率

若货币供应量增长率大于 GDP 增长率和物价上涨率,则说明货币供应充足;反之,则货币供应不足。

(二)基础货币的分析

1. 基础货币形成渠道的分析

货币当局资产负债表中的储备货币,即基础货币。对货币当局资产负债表移项可得:
储备货币 = 国外资产 + 对存款货币银行的债权 + 对非货币金融机构的债权 + 对政府债权 – 债券 – 政府存款 – 自有资金 – 其他

2. 基础货币结构的分析

发行货币和金融机构在中央银行的存款是构成基础货币的主要部分,相对于这两者,非金融机构在中央银行的存款占基础货币的比重较小。基础货币中的现金和非金融机构在

中央银行的存款不仅本身是基础货币,而且也是货币供应量的一部分,它们本身的扩张和收缩会直接导致货币供应量的扩张和收缩。但它们只有在转化为商业银行的存款后,才具有派生存款的能力。而金融机构在中央银行的存款则不同,它是已经通过货币乘数扩张或收缩后派生的货币,是派生存款的一部分。因此,在基础货币总量既定时,现金和非金融机构在中央银行的存款比重下降,金融机构在中央银行的存款比重上升,货币供应量则扩张;现金和非金融机构在中央银行的存款比重上升,金融机构在中央银行的存款比重下降,货币供应量则收缩。

(三) 货币乘数的分析

1. 货币乘数的概念

货币乘数亦称基础货币扩张倍数,是基础货币与货币供应量相互关系的数量表现。货币乘数的计算公式是:

$$K = \frac{M_2}{B}$$

式中:K 是货币乘数;M_2 是货币供应量;B 是基础货币。

货币乘数也有广义和狭义之分。广义货币乘数(K_2)是基础货币与广义货币供应量($K_2 = \frac{M_2}{B}$)之间的倍数关系。其计算公式为:

$$K_2 = \frac{M_2}{B}$$

狭义货币乘数(K_1)是基础货币与狭义货币供应量(M_1)间的倍数关系。其计算公式是:

$$K_1 = \frac{M_1}{B}$$

2. 货币乘数的影响因素分析

理论上认为,影响货币乘数的因素主要有法定存款准备率、超额储备率、现金漏损率等。

(1) 法定存款准备率

法定存款准备率是金融机构缴存中央银行存款与其所吸收的客户存款的比例,这一比例与货币乘数呈反向变化。法定存款准备率主要受三个因素的制约。一是中央银行的货币政策意向:当经济出现通货膨胀时,中央银行可以通过提高法定存款准备率的方式来紧缩货币,使货币乘数降低。在金融机构存款量一定的情况下,中央银行提高存款准备率意味着所吸收的存款在中央银行的部分增加,运用于贷款等其他资产的部分减少,金融机构通过贷款创造存款的能力降低,也就是货币乘数降低,货币供应量减少。相反,在整个经济出现不景气的情况下，中央银行可以降低法定存款准备率，使商业银行超额准备增加，用于贷款等资产业务的资金增加，就会地使货币乘数扩大，最终导致货币供应量的扩张。

二是金融机构的存款负债结构：一般而言，为定期存款规定的存款准备率相对比较低，为活期存款规定的存款准备率相对比较高。这样，如果金融机构存款结构发生变化，实际的法定存款准备率也会发生变化，就会影响货币乘数及货币供应量变化。

三是金融机构的规模、资产质量等：一般而言，金融机构的规模大、资本充足率低、资产质量差，法定存款准备率相对较高，从而使货币乘数降低，货币供应量收缩。

（2）超额准备率

超额准备率是金融机构在中央银行存款扣除法定存款准备金部分与金融机构存款之比，它与货币乘数成反比例变化。影响超额准备率变动的主要因素有四方面。

第一，金融机构持有的超额准备金的机会成本。在其他变量一定的情况下，超额准备率是金融机构持有超额准备金的机会成本的递减函数。机会成本增加，超额准备金率下降；相反，机会成本减少，超额准备金率提高。

第二，金融机构借入准备金的代价。借入资金越多，则超额准备金越多。借入准备金是要付出一定的成本，在其他变量一定时，借入准备金的代价提高，超额准备率下降；反之，超额准备率上升。在一般情况下，借入准备金的代价主要是用中央银行的再贴现率和银行间的同业拆借利率来衡量的。再贴现利率高，或同业拆借利率高，金融机构借入资金就少，超额存款准备率就低，影响货币乘数扩大。

第三，非银行部门对现金资产的偏好。在其他变量一定的情况下，非银行部门对现金的偏好意愿强，意味着一部分活期存款转化为现金流出商业银行系统，从而使金融机构的库存现金和在中央银行的存款减少。为了防范库存现金和在中央银行存款的减少给经营带来的不利影响，金融机构将会增加超额准备金的持有，从而使超额准备率上升；非银行部门对现金的偏好意愿减弱，意味着一部分活期存款转化为定期存款，致使实际法定准备率降低，从而导致金融机构增加贷款和投资，造成超额准备率下降。非银行部门对现金偏好意愿的强弱，影响金融机构超额存款准备率的高低，进而影响货币乘数的收缩或扩大。

第四，中央银行的货币政策意向和金融机构的经营传统也在一定程度上影响超额准备率的变动。当中央银行的货币政策意向是紧缩银根时，金融机构将会保持较多的超额准备金，从而使超额准备率上升；当中央银行的货币政策意向是放松银根时，金融机构将会保有较少的超额准备金，从而使超额准备率下降。

（3）现金漏损率

现金漏损率是指非银行部门所持有的中央银行发行的现金（流通中货币）与非银行部门所持有的商业银行存款的比例。也就是说，在非金融部门中，每100元存款有多少转化为现金。这一比例直接影响商业银行创造派生存款的能力，进而影响货币乘数。现金漏损率的变化主要受以下几个因素的影响。

一是居民的可支配收入。我们假定从商业银行流出的现金主要是由居民持有的，那么，在其他条件不变的情况下，居民的可支配收入越多，则现金漏损率越高；当居民的可支配收入减少时，现金漏损率则相应降低。

二是非银行部门（其中主要是居民）持有现金的机会成本。由于居民持有现金就不能持有能够获得利息的金融资产，就会丧失获得利息的机会，那么在其他变量一定的情况下，居民持有现金的机会成本越高，则现金漏损率就应当越低。持有现金的机会成本主要与其他金融资产的利息收入直接相关，这是因为现金是无息的流动性资产，如果其他金融资产（如存款、债券等）的利息收入提高，持有现金的机会成本增加，现金的持有者就会把现金转换为其他金融资产。反之，如果其他金融资产的利息收入减少，持有现金的机会成本降低，则居民就会大量持有现金，从而使现金漏损率提高。

三是金融制度的完善程度。现金漏损率是金融制度完善程度的函数，也就是说，在其他变量一定的情况下，金融市场的完善程度越高，则持有活期存款的机会成本越低，个人或单位越愿意使用支票、信用卡等进行购买和支付，从而现金漏损率就会越低；反之，现金漏损率就越高。

四是其他非经济因素。其中包括政治制度的稳定性和社会的安定程度。如果政局不稳定、社会动荡或遭遇战事等，个人和企业单位就会持有现金以应付安全性和流动性的需要，这时现金使用会非常盛行，致使现金漏损率上升。反之，在国家政治安定、社会稳定的情况下，个人和单位就会大量使用支票存款或其他支付手段，现金漏损率就会下降。

第二节 信贷收支统计分析

一、信贷收支统计概述

（一）信贷收支统计的界定

信贷收支统计是对存款性金融机构资产负债的简要统计。信贷资金来源除存款外，还有发行债券、同业拆借等，信贷资金运用除贷款外，还有购买债券、贴现、外汇占款等。此外，信贷收支统计还包括金融机构经营过程中的收益统计等。这样，信贷收支统计实际上是对金融机构资产和负债的简要统计。信贷收支统计的任务是反映金融机构资金来源与运用情况，为制定和实施货币政策服务。

信贷收支统计又与金融机构的资产负债统计不完全相同。金融机构资产负债统计分为金融机构监管统计中的资产负债统计、编制货币概览和银行概览而进行的资产负债统计。监管统计中的资产负债统计是围绕金融机构经营的安全性、流动性和效益性而设计的，其资产负债统计要计算资本充足率、不良贷款比例、资产流动比例、准备金比例、资产利润率、存贷比例等指标。虽然这样也能统计出资金来源与运用的项目及规模，但监管资产负债统计中的表式和项目都比信贷收支统计复杂。

信贷收支统计与货币概览和银行概览中的资产负债统计也不完全相同。货币概览与银行概览是围绕货币统计而设计的，计入广义货币与不计入广义货币的金融资产和负债在资产负债表的统计中是清楚的，而信贷收支统计只反映信贷资金来源与运用情况，计入广义货币与不计入广义货币的金融资产是分不清楚的。比如中央财政存款等，在信贷收支统计表中是负债的重要项目，要单独反映，而在货币概览中并不单独反映。

信贷收支统计与货币概览和银行概览中的资产负债统计有部分重复，这是因为目前人们已经习惯使用信贷收支统计，而不太习惯使用资产负债统计。在实际工作中，这两套统计报表同时编制。

（二）信贷收支统计中的金融机构分类

信贷收支统计中的金融机构分为中央银行、政策性银行、国有商业银行、股份制商业银行、城市和农村商业银行、城市信用社、农村信用社、财务公司、信托投资公司、金融租赁公司、外资银行及外资非银行金融机构。

1. 中央银行

中央银行，即中国人民银行。根据《中华人民共和国中国人民银行法》的规定，中国人民银行履行下列职责：①发布与履行其职责有关的命令和规章；②依法制定和执行货币政策；③发行人民币，管理人民币流通；④监督管理银行、同业拆借市场和银行间债券市场；⑤实施外汇管理，监督管理外汇市场；⑥监督管理黄金市场；⑦持有、管理、经营国家外汇储备、黄金储备；⑧管理国库；⑨维护支付、清算系统的正常运行；⑩指导、部署金融业反洗钱工作，负责反洗钱的资金监测；⑪负责金融业的统计、调查、分析和预测；⑫作为国家的中央银行，从事有关的国际金融活动；⑬国务院规定的其他职责。

2. 政策性银行

我国政策性银行是四大国有专业银行实现商业化经营后，为落实国家产业政策和区域政策而成立的，包括中国农业发展银行、国家开发银行和中国进出口银行。

中国农业发展银行是主要办理农业政策性金融业务的银行，其主要业务范围是办理农副产品的国家专项储备和收购贷款，办理扶贫和农业综合开发贷款，以及国家确定的农业基本建设和技术改造贷款，并在其经营范围内办理转账结算。国家开发银行主要办理国家基础设施、基础产业和支柱产业、大中型基本建设和技术改造等项目的政策性金融业务，其资金主要来源于向金融机构发行政策性金融债券以及财政拨付的资本金。中国进出口银行主要是为资本性货物出口提供信贷，其资金来源是发行政策性金融债券和在国际金融市场上筹集资金。

3. 国有商业银行

国有商业银行是在专业银行的基础上演变而来的，包括中国工商银行、中国农业银行、中国银行、中国建设银行和交通银行。

在专业银行经营阶段，中国工商银行以办理工商信贷和城镇储蓄业务为主，中国农业银行以办理农村金融业务为主，中国银行以经营外汇业务为主，中国建设银行以经营中长期贷款为主。而交通银行作为金融改革的试点，于1986年7月24日由国务院批准重新组建，其发展战略是走国际化、综合化道路，建设以财富管理为特色的一流公众持股银行集团。随着专业银行向商业银行转化，五家商业银行的经营业务已经出现了交叉。交通银行是中国首家全国性股份制商业银行，现为五大国有商业银行之一。国有商业银行是以经营存款、放款和办理结算为主要业务，以营利为主要经营目标的商业银行。

4. 股份制商业银行

股份制商业银行指较早成立的股份制商业银行，在全国设立分支机构，主要为地区经济服务，包括中信银行、中国光大银行、华夏银行、广东发展银行、平安银行、招商银行、上海浦东发展银行、兴业银行、中国民生银行、恒丰银行、浙商银行、渤海银行。

5. 城市和农村商业银行

城市商业银行是在城市信用社基础上组建的股份制商业银行，主要为城市经济服务。城市商业银行一般设在省会城市及部分地市所在城市。农村商业银行是在经济比较发达、城乡一体化程度较高的地区，由符合条件的农村信用社在改制的基础上组建成立的。

6. 城市信用社

城市信用社是办理存款、贷款和转账结算的城市合作金融组织。

7. 农村信用社

农村信用社是在农村办理存款、贷款和转账结算的合作金融组织。

8. 财务公司

我国的财务公司是由企业集团内部各成员单位入股，向社会募集中长期资金，为企业技术进步服务的金融股份公司，可在其入股成员范围内办理存、放款和转账结算。

9. 信托投资公司

信托投资公司是以受托人的身份代人理财的金融机构，经营业务有经营资金和财务委托、金融租赁、经济咨询、证券发行及投资。信托投资公司可以吸收1年期以上的委托存款和信托存款，但不能对公众开设可用于转账的活期存款账户。

10. 金融租赁公司

金融租赁公司是从事金融性租赁的非银行金融机构。

11. 外资银行及外资非银行金融机构

外资银行是指总行（部）设在国外或香港、澳门地区的外国资本银行在我国设立的分行，或根据我国法律注册，总行（部）设在我国的外国资本银行。外资非银行金融机构是指外国资本在我国经营所允许的信托、保险、租赁、银行卡等非银行金融业务的机构。

（三）信贷收支统计项目分类

信贷收支统计的内容分为信贷收入（资金来源）统计和信贷支出（资金运用）统计两个方面。这两个方面统计项目的分类标准并不完全相同，相比较而言，信贷支出分类要比信贷收入分类更细一些。

1. 信贷收入项目分类

信贷收入项目主要按资金来源渠道、性质、期限以及会计核算的平衡关系分类。

（1）按资金来源的渠道。金融机构信贷收入分为各项存款、借款、发行金融债券、同业往来、其他等。这是信贷收入的主要分类。

（2）按资金来源的性质。金融机构信贷收入的资金来源渠道又分为企业存款、储蓄存款、财政性存款、农业存款、其他存款等。

（3）按资金来源的期限。金融机构信贷收入分为活期存款和定期存款，定期存款又分为三个月至十几年的不同期限等。同样，发行金融债券、同业拆借等，也分为不同的期限。

（4）按会计核算的平衡关系。金融机构信贷资金来源又包括应付及暂收款项、各项准备金、所有者权益等。这些资金来源项目大多产生在金融机构内部，并未形成真正的资金来源，只是从会计核算平衡的角度把这些列为信贷收入项目。

2. 信贷支出项目分类

信贷支出主要按资金运用的渠道、资金运用的期限、贷款的形式、贷款企业所在行业、贷款对象的经济成分等标准进行分类。

（1）按资金运用的渠道。信贷支出分为各项贷款、有价证券及投资、拆出、同业往来、金银外汇占款、财政借款等。这是信贷支出的主要分类。

（2）按资金运用的期限。各项贷款分为短期贷款、中期流动资金贷款和中长期贷款。

（3）按贷款的形式。贷款分为信用贷款、委托贷款、融资租赁、票据融资等。

（4）按贷款企业所在行业。贷款分为工业贷款、商业贷款、建筑企业贷款、农业贷款、乡镇企业贷款等。

（5）按贷款对象的经济成分。贷款分为国有企业贷款、集体企业贷款、三资企业贷款、私营企业和个体贷款、个人消费贷款等。

（四）信贷收支统计的组织

信贷收支统计分为数据采集、汇总上报和编制统计报表三阶段。

1. 数据采集

数据采集采取"全科目上报"方式。"全科目上报"是指数据采集来自会计科目，既有来自会计一级科目，也有来自二级科目，甚至包括部分账户和台账。"全科目上报"作为数据采集体系，设计了统一的指标，明确了指标体系与会计科目的对照关系，统一规定了源数据与最终报表的归属关系。

信贷收支的数据是根据"全科目上报"体系生成的。统计部门按照《信贷统计项目与会计科目对照表》，采用电子化处理系统，从会计表或账户中的各科目余额转化生成统计项目，一般采用直接填入、归并填入、轧差填入等方式。

2. 汇总上报

汇总上报是金融机构将自身的信贷收支数据与辖内分支机构数据加总上报上级机构及同级中国人民银行。中国人民银行分支行不仅需要汇总本行"全科目上报"数据，同时需要将辖内代报的农村信用社、农村商业银行、城市信用社、城市商业银行、财务公司、信托投资公司、金融租赁公司的数据一并上报。

中国人民银行总行除汇总其本系统的信贷收支外，还要汇总其分支机构代报的金融机构的数据和国有商业银行、政策性银行、股份制商业银行、外资金融机构总行（部）报表的数据。

3. 编制统计报表

中国人民银行总行收到各金融机构及本系统的信贷收支统计数据后，还要根据需要进行再汇总，并编制全金融机构信贷收支统计表。

中国人民银行总行编制的信贷收支统计报表目前有全金融机构(含外资)信贷收支表、中国人民银行信贷收支表、政策性银行信贷收支表、国有商业银行信贷收支表、国家银行信贷收支表（中国人民银行、政策性银行、国有商业银行信贷收支表的合并表）、股份制商业银行信贷收支表、城市商业银行信贷收支表、城市信用社信贷收支表、农村信用社信贷收支表、财务公司信贷收支表、信托投资公司信贷收支表、金融租赁公司信贷收支表、外资金融机构信贷收支表。

二、信贷收支表的编制

（一）信贷收支表编制的基本原则

合并编制各类金融机构信贷收支表和全金融机构信贷收支表，应坚持以下原则。

1. 项目统一原则

对于合并的金融机构信贷收支表来说，其合并的金融机构每个统计项目的统计口径应该统一，统计项目核算方法应该一致。如果统计口径与核算方法不一致，其合并的项目也就不能说明总量，就失去了合并的意义。

2. 范围明确原则

合并的金融机构的范围不同，其抵消的项目就会不一样。如合并国有商业银行的信贷收支表，其各国有商业银行间的往来项目数字就会被抵消，如同业往来、委托存款等项目；但国有商业银行与其他金融机构的往来项目还要合并统计，如编制全金融机构信贷收支统计表，所有金融机构间的往来项目数字就会被抵消。

3. 数据源一致原则

编制单个金融机构信贷收支表、各类信贷收支表和全金融机构信贷收支表的数据源是一致的。编制出的单个信贷收支表和各类金融机构信贷收支表中的统计项目不足以提供充足的信息，并以此为依据编制合并的信贷收支表，比如单个金融机构信贷收支表中的同业往来，其中的同业拆出或拆入，并没有表明拆出是拆给哪类金融机构或拆入是从哪类金融机构中拆入，只有数据源能提供充足的信息。

4. 平衡项目原则

由于多种原因，如记录时间不一致等，应该抵消的项目数字可能并未抵消，如商业银行向中国人民银行的借款和中国人民银行对商业银行的贷款等，在合并全金融机构信贷收支表时，其轧差应为零，但统计时，可能二者之和不为零，这就需要在信贷收支表中设置平衡项目——"其他"。"其他"作为信贷收支表中的来源项目，其信贷资金来源大于信贷资金运用，反映为正数，反之为负数。

（二）各类金融机构信贷收支表的编制

1. 信贷资金来源项目的编制

（1）汇总项目有各项存款、代理财政性存款、应付及暂收款、向中央银行借款、各项准备金、所有者权益。

（2）合并的项目有金融债券、卖出回购证券、委托存款及委托投资基金、代理金融机构贷款基金。

（3）轧差的项目有"其他"。

2. 信贷资金运用项目的编制

（1）汇总的项目有各项贷款、有价证券及投资、应收及应付款、存放中央银行准备金存款、存放中央银行特种存款、缴存中央银行财政存款、库存现金、外汇占款。

（2）合并的项目有买入返售证券、同业往来、代理金融机构贷款。

各类金融机构如国有商业银行、政策性银行、股份制银行等的信贷收支表编制，都是同类性质单个金融机构信贷收支表的合并。

（三）全金融机构信贷收支表的编制

1. 信贷资金来源项目的编制

（1）汇总的项目有各项存款、应收及暂付款、流通中现金、各项准备、所有者权益。

（2）合并的项目有代理财政性存款、金融债券、卖出回购证券、向中央银行借款、同业往来、委托存款及委托投资基金、代理金融机构委托贷款基金。

（3）轧差项目有"其他"。

2. 信贷资金运用项目的编制

（1）汇总的项目有各项贷款、应收及预付款、金银占款、外汇占款、库存现金、财政借款。

（2）合并的项目有有价证券及投资、买入返售证券、存放中央银行准备金、存放中央银行特种存款、缴存中央银行财政存款、同业往来、代理金融机构贷款。

全金融机构信贷收支表是下列信贷收支表的合并：中国人民银行信贷收支表、邮政储蓄存款统计表、国有商业银行信贷收支表、政策性银行信贷收支表、其他商业银行（股份制商业银行）信贷收支表、城市商业银行信贷收支表、农村商业银行信贷收支表、城市信用社信贷收支表、农村信用社信贷收支表、财务公司信贷收支表、信托投资公司信贷收支表、金融租赁公司信贷收支表、外资金融机构信贷收支表。

三、信贷收支统计分析的内容

信贷收支统计分析按分析的内容分为信贷资金来源的分析、信贷资金运用的分析和信贷收支平衡的分析。

（一）信贷资金来源的分析

信贷资金来源分析一般包括信贷资金来源增减变动的分析、信贷资金来源结构的分析、信贷资金自给能力的分析、信贷资金来源集中度及利用程度的分析以及各项存款的分析。

1. 信贷资金来源增减变动的分析

分析信贷资金来源增减变动的统计指标有信贷资金增减率，即

$$信贷资金增减例 = \frac{本期信贷资金来源 - 上期信贷资金来源}{上期信贷资金来源} \times 100\%$$

2. 信贷资金来源结构的分析

信贷资金来源结构的分析主要分析信贷资金来源结构及其变化。信贷资金来源结构可用某项信贷资金来源占全部信贷资金来源的比重表示，并与上期的比重比较分析其变化。

$$某项信贷资金来源所占比重 = \frac{某项信贷资金来源}{全部信贷资金来源} \times 100\%$$

3. 信贷资金自给能力的分析

分析信贷资金自给的指标有：

(1) 自有资金对总资产的比例。它是金融机构自有资金与其资产总额的比例，即

$$自有资金对总资产的比例 = \frac{自有资金额}{资产总额} \times 100\%$$

(2) 自有资金对负债的比例。这是自有资金对全部对外负债的比例，即

$$自有资金对负债的比例 = \frac{自有资金}{负债总额} \times 100\%$$

(3) 信贷资金自给例。它是金融机构自有资金和各项存款之和占全部信贷资金来源总额的比例，即

$$信贷资金自给率 = \frac{自有资金 + 各项存款款}{信贷资金来源总额} \times 100\%$$

4. 信贷资金来源集中度及利用程度的分析

信贷资金来源集中度一般用前 10 户或 15 户较大存款额之和与全部存款之比来反映。信贷资金利用程度一般用盈利性资产与信贷资金来源总额之比来反映。

5.各项存款的分析

各项存款的分析包括存款总量的分析、存款结构的分析、存款构成比例分析和存款周转的分析。

(1) 存款总量的分析

存款总量反映存款总规模,主要的存款总量分析指标有以下四种。

1) 报告期存款累计发生额,是金融机构期内存款的业务总量,包括存款累计收入额和存款累计支出额。在会计账表中,存款累计发生额是期内存款的借方发生额累计。

2) 报告期末存款余额,是银行报告期末拥有的存款量。

报告期存款余额 = 期初存款余额 + 期内存款累计收入额 − 期内存款累计支出额

3) 报告期存款净增减额。

报告期存款净增减额 = 报告期存款收入额 − 报告期存款累计支出额

= 期末存款余额 − 期初存款余额

4) 存款积数,是反映存款规模的综合性指标,也是计算存款利息的依据。

$$C = \sum_{n=1}^{i} a_i t_i$$

式中:C 表示存款积数;a_i 表示每天存款余额;t_i 表示存款天数。

(2) 存款结构的分析

存款结构分析可以根据不同的分析研究目的,按照不同的分类结构进行。主要的结构分析有以下四种。

1) 存款来源结构分析。可以按存款区域分类,分析存款来源的区域分布;可以按存款来源的产业部门分类,分析存款的产业部门分布;可以按存款的经济部门分类,分析存款的经济部门分布;可以按存款的企业分类,分析存款的企业分布等。

2) 存款定期与活期结构分析。主要分析定期存款与活期存款的结构比重。定期存款与活期存款对银行存款的稳定性与存款成本都有直接影响。一般说来,定期存款比重越大,存款的稳定性越高;而定期存款的利率高于活期存款,定期存款的比重越大,存款的成本越高。相反,活期存款的成本较低,存款的稳定性也较低。

3) 存款项目结构分析。主要分析银行存款中企业存款与储蓄存款的结构比例关系。企业存款是金融机构派生存款的重要组成部分。企业存款在一定程度上反映企业所拥有的货币资金总量和企业资金的松紧变化。企业存款增加,表明企业支付能力增强;反之,表明企业货币资金减少,企业支付能力下降。

4) 存款期限结构分析。主要分析银行各种期限的定期存款的结构比重,并可进一步分析各种不同期限存款的来源结构及其对银行存款稳定性和存款成本变动的影响。

(3) 存款构成比例分析

存款构成比例分析主要包括以下两种:

1) 企业存款构成比例分析,主要分析企业定期、活期存款构成比例,企业定期、活期存款增量构成比例。主要分析指标如：

$$企业存款构成比例（\%）=\frac{企业（活期或定期）存款}{银行一般性存款}$$

2) 储蓄存款构成比例分析，主要分析储蓄存款定期、活期构成比例和储蓄存款定期、活期增量构成比例。其主要分析指标如：

$$储蓄存款构成比例（\%）=\frac{储蓄存款}{银行一般性存款}$$

（4）存款周转的分析

反映存款周转速度和稳定性的指标主要有以下两种。

1) 存款周转次数，可以计算报告期存款可能周转次数与实际周转次数。

$$报告期内存款可能周转次数=\frac{期内日历日数\times期内存款平均余额}{期内存款累计支出额}$$

2) 存款周转天数，亦可计算可能天数与实际周转天数。

$$报告期内存款可能周转天数=\frac{期内日历日数\times期内存款平均余额}{期初存款余额+期内存款累计收入额}$$

（二）信贷资金运用的分析

信贷资金运用分析包括信贷资金运用增减变动的分析、信贷资金运用结构分析、信贷资金运用集中度分析等。

1. 反映贷款总量的分析

反映贷款总量的指标主要有：

（1）贷款累计发放额，指报告期发放贷款的累计数。

（2）贷款累计收回额，指报告期收回贷款的累计数，包括本期发放收回额和往期发放收回额。

（3）报告期贷款净发放（净收回）额，计算公式为：

报告期贷款净发放（净收回）额＝报告期贷款累计发放额－报告期贷款累计收回额＝报告期贷款余额－报告期初贷款余额

上式计算结果是正数为净发放额，负数为净收回额。

（4）报告期末贷款余额，指银行某一计算时点上（月末、年末等）所发放的贷款累计变化的结果，反映银行借款的总规模。

报告期末贷款余额＝报告期初贷款余额＋报告期贷款累计发生额－报告期贷款累计收

回额 = 报告期初贷款余额 ± 报告期贷款净发放（净收回）额

(5) 贷款积数，指贷款余额与贷款占用日历时间（天）的乘积，用以反映贷款单位可利用贷款的最大容量，是银行计算贷款利息的依据。其计算公式为：

$$L = \sum_{n=1}^{i} a_i t_i$$

式中：L 表示贷款积数；a_i 表示每天贷款余额；t_i 表示贷款天数。

(6) 贷款平均余额，是贷款余额时点数列的序时平均数，反映报告期每天贷款余额的平均数。

$$贷款平均余额 = \frac{报告期贷款积数}{报告期日历日数}$$

(7) 到期贷款收回率，反映贷款收回程度。

$$到期贷款累计收回率（\%）= \frac{到期贷款累计收回额}{到期贷款累计额}$$

$$到期贷款累计收回率（\%）= \frac{报告期内贷款累计收回额}{报告期内贷款累计发放额}$$

2. 贷款构成比例分析

贷款构成比例分析反映贷款分配使用的构成状况，可以根据不同的研究目的进行分类分析。

(1) 按贷款期限分：可以计算短期贷款构成比例、中长期贷款构成比例，指的是短期贷款、中长期贷款与各项贷款的比例，以反映不同期限贷款的结构关系。

$$短期（中长期）贷款构成比例（\%）= \frac{短期（中长期）贷款}{各项贷款}$$

(2) 按贷款动向分：可以计算工业、农业、商业贷款构成比例，指的是工业贷款、农业贷款、商业贷款与短期贷款的比例；基建（技改）贷款构成比例是基建贷款、技改贷款与中长期贷款的比例，以反映各类贷款的结构关系。

$$工业（农业、商业）贷款构成比例（\%）= \frac{工业（农业、商业）贷款}{短期贷款}$$

$$基建（技改）贷款构成比例（\%）= \frac{基建（技改）贷款}{中长期贷款}$$

就整个金融系统而言，还可分国有商业银行、其他商业银行、城市信用社、农村信用社等各项贷款余额（或增量）行际构成比例。

$$各项贷款余额（或增量）行际构成比例(\%) = \frac{某行各项贷款余额（或增量）}{金融机构各项贷款（或增量）}$$

将贷款占用与生产联系起来，计算各种生产贷款占用系数，可以反映贷款分配与生产发展的适应关系。如：

$$国内生产总值贷款占用系数 = \frac{金融机构各项贷款年末余额}{国内生产总值（年度）}$$

3. 贷款投向分析

贷款的分配投向是否合理，可以通过贷款投入各地区、各产业、各经济部门的分布以及各期限贷款的结构关系，观察分析贷款投放的重点区域、重点产业、重点经济部门，是否与区域发展战略、产业政策、经济结构调整等相一致。分析方法一般采用编制贷款分布结构表，如贷款区域分布表、贷款产业分布表、贷款经济部门分布表等。同时还可按贷款的期限（短期、中期、长期）分类，观察各类期限的贷款分配是否合理；按贷款投放的时间分类，观察各类贷款的投放时间是否均衡、及时。

4. 贷款变动分析

贷款变动分析主要是分析贷款周转及其增长变动情况。

（1）贷款周转分析

借款资金总是处于发放—收回—再发放的不断周转使用过程中，贷款周转分析就是分析贷款的周转使用效率。主要周转分析指标有：

$$贷款周转次数 = \frac{贷款累计收回额}{贷款平均余额}$$

$$贷款周转天数 = \frac{报告期日历日数}{贷款周转次数}$$

贷款周转次数越多，或贷款周转使用的天数越少，反映资金周转使用越快，使用效率越高；反之，贷款周转次数越少，或贷款周转天数越多，则反映资金使用效率越低。

（2）贷款增长变动分析

主要是对贷款增长变动程度及变动差额进行分析，主要增长变动分析指标有：

$$贷款增长率 = \frac{本期贷款余额}{上期贷款余额} - 1$$

$$贷款增长额 = 本期贷款余额 - 上期贷款余额$$

（三）信贷收支平衡的分析

信贷收支平衡分析包括信贷资金平衡差额的分析、资金头寸的分析和资金清偿能力的分析等方面的内容。

1. 信贷资金平衡差额的分析

信贷资金平衡差额分析主要分析信贷资金存（贷）差，弄清资金的来源与去向，为合理利用信贷资金提供依据。其主要分析指标有信贷存（借）差、存贷差、存款余额比例、存贷增量比例等。

（1）信贷存（借）差：指信贷资金来源和运用之间的平衡差额，是资金平衡分析的重点。其计算方法如下：

信贷存（借）差 = 存（贷）差 + 自有信贷资金 + 发行金融债券 + 当年结益 − 缴存中国人民银行准备金 − 库存现金

一般说来，如果信贷存（借）差大于 0，则称为信贷资金存差；如果信贷存（借）差小于 0，则称为借差。

（2）存贷差：指一般性存款与各项贷款的差额，即存贷差 = 各项存款 − 各项贷款

当存贷差大于 0 时，称为存差；当存贷差小于 0 时，称为贷差。

（3）自有信贷资金：指金融机构所有者权益中能参与信贷资金营运的部分，是金融机构信贷资金中最稳定的来源。

自有信贷资金 = 所有者权益 − 固定资产净值 − 无形及递延资产 − 当年结益

2. 资金头寸的分析

资金头寸是金融机构一定时点或时期可使用的营运资金量。资金头寸包括在中央银行存款、库存现金、到期同业资金、调整准备金和财政存款差额、到期应收应付汇差资金、到期应归还中央银行借款等。资金头寸分期末资金头寸和本期资金头寸。

期末资金头寸是某个时点结余的资金头寸，是资金运用的结果。

期末资金头寸 = 在中央银行存款 + 到期拆出资金 + 本期调减准备金和财政性存款 + 本期应收汇差资金 − 到期拆入资金 − 本期调增准备金和财政性存款 − 本期应付汇差资金 − 归还中央银行存款 − 本期系统内应调出资金

3. 资金清偿能力的分析

资金清偿能力指金融机构资金流动性或资产的变现能力。金融机构的业务经营活动大都要引起信贷收支的变化，无论是吸收存款、发放贷款等都直接或间接地表现为信贷资金的流出或流入。金融机构是资金运动的枢纽，一旦不能及时清偿债务，划转资金，就会使整个社会资金运动受阻，以致影响整个国民经济的正常运行。因此，无论对金融机构还是对社会来说，金融机构清偿能力的分析都是十分重要的问题。分析金融机构清偿能力的指标主要有以下几种。

（1）现金资产与总资产的比例。

现金资产主要由库存现金、在上级行或其他行的存款、在中国人民银行的存款等构

成。其计算公式为：

$$现金资产对总资产的比例 = \frac{现金资产}{总资产额} \times 100\%$$

这个指标用于衡量金融机构所持有的现金资产比例。一般说来，其比例越高，可随时动用的头寸就越多，资金清偿能力越强，经营风险相对越小；其比例越低，可随时动用的头寸就越少，资金清偿能力越弱，经营风险相对就越大。

（2）现金资产对短期负债的比例

短期负债也称为流动性负债，是指期限在 1 年以内的债务。它主要包括 1 年期以下的储蓄存款、企业存款、机关团体等事业单位存款、农村存款、向人民银行的临时借款、从上级行或其他行借入的期限在 1 年内的资金等。其计算公式为：

$$现金资产对短期负债比例 = \frac{现金资产总额}{短期负债总额} \times 100\%$$

短期负债是影响金融机构资金清偿能力的主要因素，因此从这个比例的大小可直接看到金融机构资金清偿能力的状况。一般来说，其比例越大，持有的现金资产多，偿还债务的可能性就大，其清偿能力越强；其比例越小，持有的现金资产少，偿还债务的可能性就小；其资金清偿能力就越弱。

（3）流动资产对负债的比例

金融机构的流动资产包括现金资产、短期有价证券、短期放款、短期拆出资金以及结算过程中的应收未收款项等。这些流动性资产包括了金融机构的一级准备资产和二级准备资产的主要内容，是金融机构短期内可支配的头寸。其计算公式为：

$$流动资产对负债比例 = \frac{流动资产总额}{负债总额} \times 100\%$$

这个指标也是衡量金融机构清偿能力的重要指标。一般来说，其比例越高，金融机构资金清偿能力越强；相反，金融机构资金清偿能力越弱。

（4）流动性资产与资产总额的比例

流动性资产与资产总额的比例也称为流动资产比例。其计算公式为：

$$流动资产比例 = \frac{流动资产}{资产总额} \times 100\%$$

这一指标用来衡量金融机构的资产流动性。资产的流动性决定了银行应付提现能力的大小。一般来说，这个比例越大，短期内的可用头寸越多，资产的流动性越强，应付提现的能力越大，其安全性就越高；反之，这个比例越小，金融机构短期内可用头寸越少，资产的流动性相对越差，应付提现的能力越小，其安全性越低。

第三章 现代证券期货市场与保险统计

第一节 证券市场概述

证券市场综合反映国民经济运行的各个维度,被称为国民经济的"晴雨表","证券市场在国际经济及国内经济中都扮演着重要的筹资-投资功能、资本定价功能和资本配置功能角色"[①]。

一、证券与有价证券

(一)证券的基本认识

证券是各类财产所有权和债券凭证的统称,是用来证明证券持有人有权取得相应权益的法律凭证,如股票、债券、基金证券、票据、提单、保险单、存款单等都是证券。

证券按其性质不同,可分为证据证券、凭证证券和有价证券。证据证券是指单纯证明事实的文件,主要有借用证、书面证明等。凭证证券又称无价证券,它本身不能使持有人或第三者取得一定权益,只是认定持证人是某种私权的合法权利者,证明对所履行的义务是有效的文件,如存款单、借据、收据及定期存款存折等。

证券票面要素主要有四个:第一,持有人,即谁持有该证券;第二,证券的标的物,即证券所载权利和义务所指向的特定对象;第三,标的物的价值;第四,权利,即持有人持有该证券所拥有的权利。

(二)有价证券及类型

有价证券是具有一定票面金额,能证明持有人有权按期取得一定收入,并可自由转让和买卖的所有权和债权凭证。人们通常所说的证券就是指这种有价证券。有价证券不是劳动产品,它本身并没有价值,但由于它代表着一定的财产权利,持有人可凭该证券直接取得一定的商品、货币,或是取得利息、股息等收入,因此,它可以在市场上买卖和流通。影响有价证券价格的因素有很多,主要因素是预期利息收入和市场利率。可以说,有价证券价格是资本化之后的收入,是虚拟资本的表现形式,是筹措资金的重要手段。

有价证券有广义和狭义两种概念。广义的有价证券包括商品证券、货币证券和资本证

---

① 王丽.证券市场发展历程[J].合作经济与科技,2020 (24):66-67.

券。商品证券是指证明持有人有商品所有权和使用权的凭证，取得这种证券就等于取得了商品的所有权或使用权。如提货单、运货单以及仓库栈单等都属于商品证券。货币证券是指能使持有人或第三人取得货币索取权的有价证券。主要包括两大类：一类是商业证券，主要是商业汇票和商业本票；另一类是银行汇款，主要是银行汇票、银行本票和支票。

资本证券就是我们通常所说的有价证券，即狭义的有价证券。它是指由金融投资或与金融投资有直接联系的活动产生的证券，持有人有一定的收入请求权。这里所说的有价证券即资本证券。

有价证券的种类很多，从不同的角度，按照不同的标准，可以对其进行不同的分类。

1. 按发行主体的不同，可分为政府证券（公债券）、金融证券和公司证券

（1）政府证券是指政府为筹措财政资金或建设资金向投资者发行的债权债务凭证。政府债券又分为中央政府债券和地方政府债券。我国目前尚没有地方政府发行的债券。

（2）金融证券是指银行及非银行金融机构为筹措资金而发行的股票、金融债券等，尤以金融债券为主。

（3）公司证券是公司为筹措资金而发行的有价证券，主要包括股票、公司债券及商业票据。

2. 按是否在证券交易所挂牌交易，有价证券分为上市证券与非上市证券

（1）上市证券又称挂牌证券，是指经证券主管机关批准，并向证券交易所注册登记，获得资格在证券交易所内进行公开买卖的有价证券。为了保护投资者利益，对申请上市的证券必须由证券交易所审核合格才准予上市。

（2）非上市证券又称非挂牌证券、场外证券，是指未申请上市或不符合证券交易所挂牌上市条件的证券。非上市证券由公司自行发行和推销。一般来说，非上市证券的种类比上市证券的种类多，在交易所里上市的证券种类非常有限，只占整个证券市场证券种类的很小部分。

3. 按证券收益是否固定，有价证券可分为固定收益证券和变动收益证券

（1）固定收益证券是指证券持有人可以在特定的时间内取得固定的收益，并预先知道取得收益的数量和时间，如固定利率债券、优先股股票等。

（2）变动收益证券是指因客观条件的变化，其收益也随之变化的证券，如普通股股票、浮动利率债券等。

4. 按证券发行的地域和国家分类，有价证券可分为国内证券和国外证券

在境内发行的证券称为国内证券，在境外发行的证券称为国外证券。

5. 按募集方式分类，有价证券可以分为公募证券和私募证券

（1）公募证券是发行人采取公开的方式，通过中介机构向社会公众发行的证券，其审核较严格、发行成本较高并且采用公示制度。

（2）私募证券是指发行者向特定的少数投资者发行的证券，其审核条件较宽松、发行成本较低。私募证券的投资者多为与发行人有特定关系的机构投资者。

6. 按证券的经济性质分类，有价证券可以分为股票、债券和其他证券

股票和债券是证券市场的两个最基本和最主要的品种。其他证券包括基金证券、证券衍生品，如期货、可转换证券等。

二、证券市场的构成与分类

证券市场是股票、债券、基金等有价证券及其衍生产品（期货、期权）发行和交易的场所。证券市场是资本市场的重要组成部分，是联系资金需求和供给的纽带。在市场经济条件下，一方面存在大量的闲置资金，形成了资金的供给；另一方面经济的发展需要大量的资金投入，形成了资金的需求。证券市场实现了投资需求和筹资需求的对接，从而有效地解决了资本的供求矛盾。股票和债券是证券市场上最活跃、最重要的工具。

（一）证券市场的构成要素

1. 证券市场主体

证券市场的主体包括企业、金融机构、官方机构和居民个人四类交易者，在开放的证券市场上还包括境外投资者。

（1）企业。企业是证券市场生存和发展的决定性因素。企业在金融市场上首先是资金需求者，通过在证券市场上发行股票、债券、商业票据等有价证券，以吸收大量资金弥补资金不足。同时，企业通过将在再生产过程中游离出的闲置资金投资于证券市场，又成为市场的资金供给者。

（2）金融机构。各类金融机构可以在证券市场上发行金融债券，增加信贷资金来源。同时，各类金融机构也是证券市场上的重要的证券需求者和机构投资者，商业银行仅限于买卖政府债券；投资基金主要投资对象为股票和债券；证券公司既可以进行股票和债券的代理买卖，也可以自营买卖股票和债券；保险公司现在也获准直接入市，更强有力地扩大了证券的需求面。

（3）官方机构。以财政部、中央银行、政策性银行为代表的官方机构也是证券市场的投资主体之一，其行为直接关系到证券市场的规模、结构和收益水平。中央财政代表中央政府发行国债，一方面可以弥补财政赤字，筹集建设资金；另一方面可以通过国债回购等公开市场业务操作，实现货币政策的目标，不仅能够影响商业银行的超额准备金，调节

货币供应量，也可以引起市场利率水平和利率结构的变化，当央行大量购进国债，市场利率随之下降，反之则上升。

（4）居民个人。居民个人买卖证券是对其剩余、闲置的货币资金加以运用的方式。他们的主要投资目的是为了保值和增值，所以十分重视本金的安全和资产的流动性。在发达的证券市场上，个人投资者多数不直接参与证券市场的买卖，而是通过证券经纪人或者投资基金间接地参与证券市场证券交易。我国的居民大多直接参与交易。因此，因其在资金、信息等方面的局限性，在投资中处于不利地位。

2. 证券市场客体

证券市场的客体主要包括股票、债券、基金及各类衍生工具（期货、期权）。其中，股票和债券作为常用的投融资工具，在证券市场中占有重要地位。

（1）股票。股票是股份公司发行的、用以证明投资者的股东身份和权益，并获取股息和红利的凭证。对发行者而言，发行股票可以进入证券市场直接融资，扩大公司的资本和规模；对中小投资者而言，不仅可以获取红利，还可以选择时机买卖股票赚取差价收入；对于有实力的投资者，可以运用股票赋予的股权对企业进行管理控制。

（2）债券。债券是发行人依照法定程序发行，并约定在一定期限内还本付息的债务凭证。债券与股票不同，它反映的不是利益共享、风险共担的股权关系，而是债权债务关系。对于债券的发行者来说，可以在短时间内筹集大量的资金，并且可以保证公司控制权不会因为发行债券而旁落，但发行人必须保证能到期偿还本息，否则将面临破产危险；对于投资者而言，债券是风险较小、收益相对稳定的投资工具。尤其是政府发行的公债，收益非常稳定，可以作为储蓄性投资。

3. 中介机构

证券市场中介机构是指为证券的发行和交易提供服务的各类机构。它是连接证券投资者和筹资者的桥梁，是证券市场运行的组织系统。在我国，证券市场中介机构主要包括证券交易所、证券登记结算公司、证券公司、基金管理公司以及其他证券服务机构。

4. 证券监管机构

证券监管机构的主要职责是根据证券法规和行业规定，对证券发行、交易活动及市场参与者实施监督和管理，以保护投资者的利益。各个国家根据证券市场监管模式的不同采取不同的形式。我国对证券市场进行监管的机构主要是中国证券监督管理委员会，以及经过授权的省、市、自治区的证券监督管理委员会。

（二）证券市场的分类

根据不同的标准，可以对证券市场进行不同的分类。

（1）按照市场的职能。证券市场可分为证券发行市场和证券流通市场。发行市场又称为一级市场或初级市场,它是向投资者发行新证券所形成的市场;流通市场又称为二级市场或次级市场,它是证券进行交易流通的场所。

(2) 按照交易的对象。证券市场可分为股票市场、债券市场和基金市场等。

(3) 按照组织形式的不同。证券市场可分为场内市场和场外市场。场内市场指的是证券交易所;场外市场则主要指店头市场(柜台市场),以及第三市场、第四市场。

第二节 股票市场统计分析

一、股票发行市场的统计指标

"当前,在我国社会经济发展和完善的过程中,企业选择融资的最主要渠道就是发行股票。"[1] 股票发行市场即股票交易的一级市场,就是发行新股票(包括增资股票)的场所的总称。股票发行市场统计主要反映股票发行的规模和结构,主要统计指标有股票的发行数量、股票的发行价格、股票的申购数量、发行股票企业的数量、筹资额、投资者开户数。

(一)股票的发行数量

股票的发行数量应是所有发行股票企业数量之和。目前,我国没有对未上市的公司发行的股票进行统计,这里的股票发行数量仅指上市公司股票的发行数量。表示股票发行数量有两个指标:上市公司数和发行总股本。股票发行的数量单位为"只",一只是指一个品种的股票,某企业已发行一只比如 A 股,再增发仍然是 A 股,这只是股票发行规模的增加,品种并未增加,仍然是一只。若增发 B 股,就是另一只。股票的发行数量单位为"股",股是股份公司股份的计量单位。

(二)股票的发行价格

股票的发行价格是指在发行市场上买卖的价格。股票的发行价格可酌情按时价、面额、中间价、溢价、折价发行,无面额股票按公司章程和董事会设定的价格发行。股票平均发行价格应以股票发行的数量为权重,加权平均计算。计算公式为:

$$股票平均价 = \frac{\sum 股票发行的股数 \times 每股价格}{\sum 股票发行的股数}$$

---

[1] 李芙蓉,张秋华.我国股票发行市场存在的问题及立法完善[J].经济视角,2019(06):50-56.

（三）股票的申购数量

申购数量反映在股票发行市场上申购资金的规模。通常用申购股数和申购资金两个指标来反映，它们分别与发行数量和发行额对比，就可以计算出中签率。这项指标是股票发行市场上反映股票供求状况的重要指标。平均中签率是以发行数量或金额为权重，加权平均计算。

（四）发行股票企业的数量

发行股票企业的数量是反映企业在发行股票方面的规模指标。发行股票企业数量与股票数量并不是一一对应的，有的企业可以发行两只以上的股票。

（五）筹资额

筹资额是发行股票价格的总和，通常分为发行筹资额、配股筹资额、其他筹资额等。发行筹资额是向公众发行股票的筹资额，配股筹资额是对股票投资者发售股票的筹资额，其他筹资额如债转股的筹资额。

（六）投资者开户数

投资者分为机构投资者和个人投资者。投资者开户数是反映社会对股票投资参与程度的指标。

二、股票流通市场统计

股票的流通市场是已经发行的股票进行转让、买卖和流通的市场。它是建立在发行股票的初级市场的基础上，因此又称为二级市场。根据股票是否在证券交易所内挂牌，股票流通市场基本组织形式包括场内交易市场和场外交易市场。

股票流通市场交易量统计的主要指标有流通股本、市价总额、流通市值、股票成交数量、市盈率。

（一）流通股本

流通股本是在二级市场上交易的股票数量。流通股本的计量单位是股。

（二）市价总额

市场总额指在某一时点上股票按市场价格计算的发行总股本的总金额。市价总额的计算公式为：

市价总额 = 发行总股本 × 市价

（三）流通市值

流通市值指在某一时点上按照市场价格计算的流通股本的总金额。流通市值的计算公式为：

流通市值 = 流通股本 × 市价

（四）股票成交数量

股票成交数量分为两个指标：成交量和成交额。股票成交量的计算单位为手，1手为100股。股票成交金额为股票交易的价格总额。成交量及成交额均为买卖单方计算。

（五）市盈率

市盈率指某一时点上股票的收益率。它有每股市盈率和加权平均市盈率两个指标。每股市盈率是指某一股票上年每股的收益与其股票价格之比，加权平均市盈率是指总市价与总收益之比。其计算公式分别为：

$$每股市盈率 = \frac{股票价格}{上年每股收益}$$

$$加权平均市盈率 = \frac{总市值}{总收益} = \frac{\sum(收盘价 \times 发行总股本)}{\sum(每股收益 \times 发行总股本)}$$

三、股票价格指数的计量方法

目前，世界上股票价格指数的计算方法主要有以下几种。

（一）算术股价指数法

以某交易日为基期，将采样股票数的倒数乘以各采样股票报告期价格与基期价格比之和，再乘以基期的指数值。其计算公式为：

$$算术股价指数 = \frac{1}{采样股票数} \times \sum \frac{报告期股价}{基期股价} \times 基期指数数值$$

（二）算术平均法

采用算术平均法股价指数求的是这一股价指数中所有样本的算术平均值。其计算公式为：

$$I = \frac{\sum_{i=1}^{n} p_{mi}}{\frac{p_0}{n}} \times 100\%$$

式中：I 为股票价格指数；p_{mi} 为第 m 报告期股票指数；p_0 为基期股票价格；n 为组成股票指数的股票种类数。

（三）加权平均法

在利用加权平均法计算股价指数时，赋予每种股票一定的权数。通常权数是根据每种股票当时交易的市场总价格或上市总股数来分配，权数就是分发"选票"的依据。其计算公式为：

$$I = \frac{\sum p_i w_i}{\sum_{i=0}^{n} p_0 w_0} \times I_0$$

式中：I 为股票价格指数；p_i 为组成股价指数的各种股票报告期价格；p_0 为组成股价指数的各种股票基期价格；I_0 为基期股票价格指数；n 为组成股价指数的各种股票种类数；w_i 为组成股价指数的各种股票上市总数或市价总值，及权数。

（四）除数修正法

除数修正法又称道氏修正法，是美国道琼斯公司为克服单纯平均法的不足，在1928年发明的计算股票价格平均数的方法。此法的核心是求出常数除数，去修正因有偿增资、股票分割等因素造成的股价总额的变化，以便如实反映平均股价水平。具体方法是：以发生上述情况变化后的新股价总额为分子，旧的股价平均数为分母，计算出除数，然后去除报告期的股价总额，得出的股价平均数就称为道氏修正平均股价。其计算公式为：

$$道氏除数 = \frac{变动后新的股价总数}{旧的股价平均数}$$

$$道氏修正平均股价 = \frac{报告期股价总额}{道式除数}$$

（五）基数修正法

基数修正法修正的对象为基期的数值。由于发生有偿增资、新股上市或上市废止等情况后，将引起上市股数改变并导致时价总额的变动，为了使报告期与基期的统计口径基本一致而具有较好的可比性，必须对基期的时价进行相应调整。方法是求出上市股数改变前后的市价总额之比，将原基期市价总额乘以这个比例即为基期修正值。

四、股票价格指数

股票价格指数是指用于表示多种股票平均价格水平及其变动，并衡量股市行情的指标。股票价格指数包括股价指数指标和股价平均数指标。

股价指数是用来反映不同时点上股价变动情况的相对指标,通常用报告期的股票与选定的基数价格相比,并将二者的比值再乘以基数的指数值,即得到报告期的股票价格指数。人们通过观察股票价格指数的变化,可以衡量出报告期股价与基期相比的变动方向及幅度。

股价平均数是用来反映一定时点上多种股票价格变动一般水平的指数,通常用算术平均数或修正平均数表示。股价平均数和股价指数的区别是:前者反映一定时点股票价格水平的绝对数,是所有上市股票价格的平均数;后者反映不同时点上股价变动水平的相对数,是通过不同时点股价平均数的比较计算出来的。因为股价指数的计算本身就包含了股价平均数的计算,因此人们所指的股票价格指数就是股价指数。

(一) 世界上几种重要的股票价格指数

1. 道琼斯股票价格指数

道琼斯股票价格指数,即道琼斯股票价格平均指数,简称道琼斯指数,是世界上影响最大的股票价格指数。1884年,道琼斯公司创始人查尔斯·亨利·道(Charles Henry Dow)开始编制道琼斯股票价格平均指数并刊登在当时出版的《每日通讯》上。开始时,只选用了11种股票(几乎全是铁路公司的股票),以后逐渐增加,而且扩大到其他行业。目前,这个平均数已经变动过四次,即在1897年股票由11种增至32种,1916年增至40种,1928年增至50种,1958年定为65种,直到今天。所选用的代表性公司股票涉及工业、运输业、公用事业等重要行业。道琼斯股票价格指数仅仅代表最大的公司的股票价格,而市场上各种股票包括上等股票、中等股票和较差的股票,股价变动并不一致,因此道琼斯股票价格平均指数不能充分反映股票价格变动的全貌。

2. 标准普尔股票价格指数

标准普尔股票价格指数是根据纽约证券交易所中大约90%的普通股票价格计算出来的,比较具有代表性。该指数对运用指数操作投资基金的专业投资者尤为重要,因为指数化证券投资基金可以把标准普尔500种股票指数作为市场指数,把资金分投在同样指数和价格水平的几家公司内。

3. 纳斯达克指数

纳斯达克指数是反映美国纳斯达克股票市场的股价指数。它已成为反映高科技企业和中小企业股价走势的风向标,在国际金融市场的影响日益扩大。

4. 日经股价指数

日经股价指数，又称日经道琼斯平均股价指数，是日本经济新闻社股票平均价格指数的简称。它是由日本经济新闻社编制发布的在日本股票市场上最具有代表性的股价指数，其计算方法与美国道琼斯股价平均指数相同，现已被世界广泛关注。

5. 恒生指数

恒生指数是香港股票市场上历史最久的一种股票价格指数，是由香港恒生银行编制的反映香港股市行情变动的股价指数。恒生指数已成为衡量、反映香港股市和经济运行的有效工具和尺度。

6. 金融时报股价指数

金融时报股价指数全称为金融时报工业普通股股价指数，也称30种股价指数。它是英国《金融时报》编制的反映英国股票市场股价行情变动的股价指数。

（二）中国的股价指数

1. 上海证券交易所股价指数

上海证券交易所编制的股价指数有上证综合指数、上证A股指数、上证B股指数、上证180指数、上证50指数以及上证商业类股指数、工业类股指数、公用事业类股指数、房地产类股指数、综合类股指数。

上证综合指数是反映上海股市行情的股票价格指数，它以1990年12月19日为基期，以所有上市股票为样本，以股票发行量为权数编制，基期指数为100。其计算公式为：

$$某日股价指数 = \frac{该日市价总值}{某日市价总值} \times 100$$

式中的分子、分母分别以计算期(报告期)和基期全部股票的收盘价(如当日未成交，则用上日收盘价)乘以发行股数，求得计算期和基期的市价总值，然后进行对比。如果遇到上市股票扩股、分割或减少时，则按下式进行修正：

$$期权日股价指数 = \frac{该日市价总值}{新基准市价总值} \times 100$$

2. 深圳证券交易所股价指数

深圳证券交易所编制的股价指数有深证股价综合指数、深证成分指数。深证综合股价指数是全面反映深圳股市行情的股价指数，以1991年4月3日为基期，以深圳证券交易所上市的股票为成分股,采用加权平均法编制。遇有成分股变更,则采用连锁法将计算得到的指数还原到基期,以保证指数的连续性。深证成分指数,1995年1月23日推出,以1994年7月20日为基期,基期指数定位1000点。该指数按股票种类分为A股指数和B股指数,A股指数又按行业分为工业分类指数、商业分类指数、金融业分类指数、地产分类指数、公用事业分类指数和综合企业分类指数。

第三节 债券市场统计分析

随着当今市场经济的迅猛发展,债券市场也在不断发展。中国债券市场经历了三十多年的风风雨雨,渐渐成为市场经济不可缺少的一部分。"我国债市的成长不但可以帮助进行政府和社会集资,还可以扩展社会的融资来源,使资产结构更丰富,减少融资成本,整合管理框架,实现多种出资者更多层面的投资要求。"[1]

一、债券与债券市场

债券是政府、金融机构、工商企业等机构为直接向社会筹措资金而向投资者发行,并且承诺按约定利率和期限支付利息并按约定条件偿还本金的债权债务凭证。债券的发行人既是资金的最终需求者,也是债务人,承担着到期还本付息的义务;债券的购买者既是资金的供给者,也是债权人,有权要求债券发行人按约定条件还本付息。因此,债券是证明持有人和发行人之间债权债务关系的法律凭证。债券种类多,但都包含以下几个基本要素:①债券的面额,这包括以何种币种计价及价值的大小。国内债券计价的币种为本币,外国债券计价的币种为债券发行国货币或其他国家的货币。②债券的期限,即债券的还本期限。债券的还本期限长短不一,有的没有固定的期限。③债券的利率,是债券的利息与债券面额之比。债券的利率有固定利率与浮动利率之分。④支付方式,即债券支付本息的形式,是一次支付本息,还是分期支付本息等。⑤债权人与债务人各自应有的权益。

债券市场是债券发行和流通市场的统称,是买卖债券的场所。债券的发行市场又称债券一级市场;债券的交易流通市场又称债券的二级市场。目前,我国债券的二级市场分为银行间债券市场、交易所债券市场和商业银行柜台债券交易市场。

(1) 银行间债券市场指银行间买卖债券的市场。由于银行间债券市场上买卖的债券流动性较强,债券回购的期限最长不超过1年,因此我国银行间债券市场也是同业拆借市场,是以债券为标的物的拆借市场,也是银行调节资金头寸和资产结构的重要场所。近年来,随着我国金融改革不断深化,银行间债券市场的交易成员也在不断增多,成员构成由过去单一的银行机构发展成以银行机构为主,以证券公司、证券投资基金公司和保险公司等为辅的广义银行间债券市场(或称为金融同业市场),即金融机构之间进行金融产品交

---

[1] 范勇.浅谈中国债券市场的现状与发展[J].投资与创业,2021,32(14):15-17.

易的市场。银行间债券市场是中央银行进行公开市场操作的重要平台。中央银行通过银行间债券市场买卖债券进行公开市场操作，回笼或投放基础货币，对货币供应量和利率进行调节，起到抑制通货膨胀或刺激经济增长的作用。银行间债券市场交易的债券主要是经中国人民银行批准可在银行间债券市场进行交易的国债、政策性金融债券、中央银行票据、次级债和部分企业债券等记账式债券。

(2) 交易所债券市场指在上海证券交易所和深圳证券交易所进行债券买卖的债券市场。市场成员是除银行外的其他机构和个人，交易的债券主要有国债、金融债券、企业债券和可转换债券等。

(3) 商业银行柜台债券交易市场指参与债券投资的个人和企业投资者通过商业银行柜台进行债券买卖的市场。柜台交易的债券主要是记账式债券。商业银行根据每天全国银行间债券市场交易的行情，在营业网点柜台挂出债券买入和卖出价，以保证个人和企业投资者及时买卖债券，商业银行的资金和债券余缺则通过银行间债券市场买卖加以平衡。目前，商业银行柜台债券交易市场可交易的债券主要是记账式国债。

由于这三个市场上交易的债券除少部分为同一种债券外，其余大部分均完全不同。也就是说，大部分债券在这三个市场上相互间不流通，它们基本上是三个独立的债券市场。因此，在进行债券市场统计时，要分别进行统计。

二、债券市场的主要统计指标

债券市场主要统计指标有发行额、兑付额、期末余额、成交量、成交额、平均价、回购加权平均利率、货币市场基准利率参考指标、涨跌幅、债券指数、收益率。

(1) 债券发行额是发行的债券的票面金额之和，也就是债券发行的张数乘以每张的票面额。

(2) 债券兑付额是对已发行到期债券票面金额的偿还额，也就是偿还债券的张数乘以每张的票面额。债券兑付额不包括到期兑付的利息。

(3) 债券期末余额是已发行的但未到期的兑付的债券票面金额之和。其计算公式是：

债券期末余额＝债券累计发行额－债券累计兑付额

(4) 债券的成交量是成交的债券张数。债券的成交单位通常用手作为单位，一手指十张债券。

(5) 债券成交额是成交的债券的价格总额之和。债券成交额不是按照票面价格计算的，而是按照实际交易价格计算的。

债券成交金额＝债券成交量×单位债券实际交易的价格

(6) 平均价是指以现券市场的成交量作为权数，对现券成交价格进行加权平均算出的价格。其计算公式是：

$$P = \frac{\sum_{i=1}^{n} w_i \times f_i}{\sum_{i=1}^{n} w_i}$$

式中：P 为加权平均价格；w_i 为现券成交量；f_i 为成交价格。

(7) 债券回购加权平均利率有质押式债券回购加权平均利率和买断式债券回购加权平均利率两种，其计算方法相同，都是以债券回购市场的成交量为权数，对市场成交利率进行加权平均计算而得出的利率。其计算公式是：

$$R = \frac{\sum_{i=1}^{n} w_i \times f_i}{\sum_{i=1}^{n} w_i}$$

式中：R 为质押式（或买断式）债券回购加权平均利率；w_i 为质押式（或买断式）债券回购成交量；f_i 为质押式（或买断式）债券回购成交利率。

质押式债券回购成交利率是质押式债券回购交易时双方约定的成交利率。买断式债券回购交易实质上是两次现券交易，双方是以两次成交的现券价格进行交易的，因此买断式债券回购成交利率是通过这两次成交的现券价格生成的。其计算公式是：

$$A\left(1 + \frac{剩余期限天数}{365}R\right) = B$$

$$R = \frac{\left(\frac{A}{B} - 1\right) \times 365}{剩余期限天数}$$

式中：A 为首次交易价格；B 为到期交易价格；R 为买断式债券回购成交利率。

此外，为了观察利率的变化情况，还需要统计交易日最高利率、最低利率和收盘利率等指标。

(8) 货币市场基准利率参考指标，指货币市场利率的基准，它是金融市场的重要指标，是全社会利率水平的"晴雨表"。目前，货币市场基准利率参考指标的数据基础为银行间债券市场7天债券回购平均利率，共有6种，由中国外汇交易中心暨全国银行间同业拆借中心于2004年10月12日正式发布。基准利率参考指标共分为两类，一类根据指数加权平均得到，另一类根据算术加权平均得到。每一类又包括了6种指标，分别是当日加权、最近2个星期、最近1个月、最近2个月、最近3个月和最近6个月的加权利率。7天回购日平均利率以当日银行间市场7天债券回购成交量为权重，加权计算得到。最近2

个星期的 7 天回购平均利率以最近两个星期银行间市场 7 天债券回购成交量为权重，进行加权计算。最近 1 个月、最近 2 个月、最近 3 个月和最近 6 个月的加权利率的计算方法与最近 2 个星期的 7 天回购利率的计算方法相同。

（9）涨跌幅指某一交易品种涨跌与前一交易日该交易品种收盘价的百分比，具体计算公式如下：

$$涨跌幅 = \frac{p_{最新} - p_{昨收盘}}{p_{昨收盘}} \times 100\%$$

（10）债券指数指用于表示多种债券平均价格水平及其变动并衡量债券总体市场运行状况的综合指标。债券指数通常用报告期的债券价格与选定的基数价格相比，并将二者的比值乘以基数的指数值即得到该报告期的债券指数。

目前，我国主要的债券指数有上证债券指数、银行间债券指数和中国债券指数。

（11）收益率是指债券持有人投资一定期限债券所得到的收益占投资本金的年平均比例。收益率与债券市场价格成反比例关系，收益率越高，价格越低，收益率越低，价格越高。

1）证券交易所债券到期收益率的计算公式为：

$$到期收益率 = \frac{到期本息和 - 买入价格}{买入价格 \times 持有年数} \times 100\%$$

2）全国银行间债券市场债券收益率。处在最后付息周期的附息债券（包括固定利率债券和浮动利率债券）、贴现债券和剩余期限在 1 年及以内的到期一次还本付息债券，按单利计算，公式为：

$$y = \frac{FV - PV}{PV} \div \frac{D}{365}$$

式中：y 为货币市场到期收益率；FV 为到期本息之和，其中，贴现债券 $FV = 100$，到期一次还本付息债券 $FV = M + NC$，附息债券 $FV = C/F + M$；M 为债券面值；N 为债券偿还期限（年）；C 为债券票面年利息；F 为债券每年的利息支付频率；PV 为债券全价；D 为从债券交割日至债券兑付日为止的剩余流通天数。

剩余期限在 1 年以上的到期一次还本付息债券的到期收益率采取复利计算，计算公式为：

$$y = \sqrt[l]{\frac{M + NC}{PV}} - 1$$

式中：y 为到期收益率；M 为债券面值；N 为债券偿还期限（年）；C 为票面年利息；PV 为债券的全价；l 为债券的剩余流通期限（年），等于债券交割日至到期兑付日的天数除以 365。

不处于最后付息周期的固定利率附息债券和浮动利率债券的到期收益率采取复利计算，计算公式为：

$$PV = \frac{C/f}{\left(1+\frac{y}{f}\right)^w} + \frac{C/f}{\left(1+\frac{y}{f}\right)^{w+1}} + \cdots + \frac{C/f}{\left(1+\frac{y}{f}\right)^{w+n-1}} + \frac{M}{\left(1+\frac{y}{f}\right)^{w+n-1}}$$

式中：y 为所求的到期收益率；PV 为债券的全价（包括净价和应计利息）；C 为当年票面年利息；f 为债券每年的利息支付频率；n 为剩余的付息次数，$n-1$ 为剩余的付息周期数；$w = D/$ 当前付息周期的实际天数（D 为从债券交割日距最近一次付息日的天数）；M 为债券面值。

此外，在计算银行间债券市场到期收益率时，需注意以下几点：

第一，到期收益率的日计数基准均采用(实际天数/365)方式，即 1 年按 365 天计算，1 月按实际天数计算，闰年的 2 月 29 日不计息。

第二，债券的剩余期限规定为从交割日开始到债券到期日截止的实际天数所包含的付息周期数（不一定是整数）。

第三，最后付息周期是指附息债券处在上一次利息已经支付过、只剩下最后一次利息尚未支付的时期，如果债券是一年付息一次，则最后付息周期指债券续存期的最后一年。如果债券是半年付息一次，则最后付息周期指债券续存期的最后半年。

第四，根据上述公式计算浮动利率债券，每年需要根据参数 C 的变化做调整。

第五，对一年付息多次的债券，$w = D/$ 当前付息周期的实际天数。例如，对半年付息一次的债券，上半年的付息周期为 181 天，下半年的付息周期为 184 天。

第四节 保险统计分析

一、保险统计概述

（一）保险统计的意义与任务

保险统计，是关于保险业务经营活动的统计，一般分为保险业务统计和保险数理统计两部分。保险业务统计是保险公司开办各种保险业务和举行各种预防灾害活动的统计。它是以统计学的原理和方法，对国家保险机构业务活动做全面、准确、及时、系统的调查，从数量上进行深入的分析研究。主要内容有保险险种统计、保险保额与保费统计、保险赔付情况统计等。保险数理统计是指用数理统计方法，计算和分析由于灾害和意外事故所造成的损失的频率及其原因。

1. 保险统计的意义

通过保险统计，反映出保险业的快速发展，从而使保险业备受关注。近些年来，我国保险业快速发展，保险的发展已经深入到家庭、企业和社会经济的各个方面。

保险统计是研究分析国家保险企业经营管理活动及其运动发展规律的工具，是保险企业重要的基础工作和计划管理的重要手段。

保险业务涉及社会现象的各个方面，渗透在国民经济的生产、流通、分配、消费和人民生活等各个领域。保险统计通过分析社会各方面对保险的不同需要，为社会提供各种不同的保险服务。

保险统计研究分析各种自然灾害和意外事故对社会所造成的破坏，以及发生的规模和频率、受损范围和程度，人们可能采取的各种防范措施及其效果等。

研究分析保险通过经济补偿，使企业恢复生产和保障人民安定生活的社会经济效益。

2. 保险统计的任务

研究保险统计指标体系以及各种统计指标的计算方法和分析方法。保险统计应明确提出反映保险状况的统计指标体系是什么，其中包括哪些主要指标，并对各指标的含义、计算范围、计算方法和分析方法给予科学的说明和论证，从而为科学利用这些指标来全面、系统、准确地反映国家保险状况提供依据。

分析一定时期内国家保险计划执行情况。这里只研究如何分析国家保险计划执行情况的统计方法论。

分析国家保险事业发展的变动趋势和规律性。任何事物都有自己的发展变化特征，国家保险事业也是如此。保险统计不是从理论上对保险事业特征做出本质的说明和理论探讨，而是从数量方面来描述国家保险事业发展变动状况及其变动规律性的数量表现。

对国家保险状况进行统计预测。事后统计、事前预测是统计工作的两项重要任务。保险统计要根据保险业务发展的现状，变动规律性的数量表现，结合国民经济发展、保险业务长期计划的主要方向和目标，研究用哪种科学的预测方法进行预测。

（二）保险业务常用的基本概念

保险是以合同的形式确立双方的经济关系，集合多数单位或个人，用科学的方法，共同聚资，建立专用基金，对遭遇约定的灾害事故所致的损失或约定事件的发生进行经济补偿或给付的经济形式。

保险业务活动主要涉及以下几个基本概念。

1. 保险标的

保险标的是保险关系双方当事人权利和义务的共同指向，也就是指保险合同载明的投保对象，或者是保险保障的对象。保险标的的价位一般是进行保险估计和确定保险金额的依据（人身保险除外）。

2. 保险人

保险人也称承保人，是指订立保险合同的一方当事人，它是经营保险业务的组织，是收取保险费并按照保险合同的规定负责赔偿损失或履行给付义务的人。目前，世界各国的保险人主要有以下几种形式：国有保险、私营保险、个人保险、合作保险。

3. 投保人

投保人是指向保险人申请订立保险合同，并负有交付保险费义务的人。投保人又称要保人，可以是法人，也可以是自然人，但都要对保险标的具有可保利益。投保人的法定资格是要有权利能力和行为能力，否则其订立的保险合同是无效的。

4. 被保险人

被保险人也称保户，是指受保险合同保障的人，当保险事故发生后有权按照保险合同的规定，向保险人请求赔偿或领取保险金的人。

被保险人与投保人的关系有两种：一种是投保人为自己的利益而签订保险合同，这时投保人即为被保险人；另一种是投保人为他人的利益而签订保险合同，这时两者为不同的人。

5. 保险单

保险单简称保单，它是投保人与保险人之间订立的正式保险合同的书面凭证。保险单必须明确完整地载明保险合同的全部内容，明确双方当事人的权利和义务。保险单是被保险人在保险标的遭受意外事故而发生损失时向保险人索赔的主要凭证，同时也是保险人向被保险人赔偿的主要依据。

6. 保险价值

保险价值是指保险标的价值。在一些财产保险合同中，被保险人与保险人共同约定在保险中得到反映的保险标的价值。通常保险标的价值应该相当于保险标的实际价值(市价)。

（三）保险业务基本统计指标

1. 承保数量

承保数量是指承保人承保保险标的数量。统计时有以下几点规定：

（1）凡承保标的不同，计量单位不同，该项指标不统计合计数。

（2）承保数量的计量单位按承保对象确定，如企财险、家财险按户计量，运输工具按辆、艘、架等计量，非按户投保的专项企财险、家财险应分别统计。

（3）承保数量不同于签发保单的份数，一张保单可承保若干标的。

（4）由于承保数量是按险种统计的，当一个标的同时投保若干险种时，就被重复统计若干次，这种情况在人身保险中较为常见。

（5）保险责任开始后办理减保或退保的，统计时承保数量不减；加保，如不是另加标的数量，承保数量不加，若加保增加标的数量，承保数量照加；以保户储金利息作为保费的长效保险业务，应按条款规定的责任期限分期重复统计。

2. 承保金额

承保金额即被保险人对保险标的实际投保金额，是保险人计算保险费的依据和承担险的补偿责任的最大限额，简称"保额"。财产险的保额既综合地反映了保险业务的规模、广度，也是风险积聚程度的重要标志。结合赔款计算的损失率是制订费率的重要依据，统计时有以下两种规定：

（1）除有特殊规定外，均按承保数计算，保险责任开始后的减保及退保，保额不做减退；加保，无论标的数量增加与否，保额均随其增加，发生赔款后，原保额不减少。

（2）长期寿险业务不统计保额，人身意外伤害险和责任险等以保单签订的最大赔付款作为统计依据，其他损失险以投保金额为依据。凡是附加险的保额一般不统计。以储金利息作为保费的长效损失险应按责任期限重复统计保额。

3. 保费收入

保险公司按保单规定，承担风险责任所取得的收入，是保险基金的主要来源，结合保额计算的费率是业务管理的重要内容之一，结合赔款计算的赔付率是反映保险公司经营效益的重要指标。"保费"所反映的数字应为保费数减去按规定减收、折扣和各种优待款后的数字。国内业务保费以人民币计算，涉外业务保费以美元计算。对保费收入的统计有以下规定：

（1）直接收取保费的业务，均以签单数为准，在保单生效的同时，一次统计入账，但是按条款规定，按月（季、年）缴纳保费的业务，则按月（季、年）统计。

（2）以保户储金的利息作为保费的长期业务，应在保单生效时以计算所得和利息额作为保费收入统计，并按责任分期计算，按期分别统计。

（3）保户中途加保，应相应增加保费收入；减保与退保（寿险业务除外）均应减少保费收入，以负数冲减（但隔年的保单不能冲减）。

（4）寿险类业务的保费收入按实收数统计，这是因为寿险大多采用分期缴费方式，逾期不缴时，保险公司不再承担保险责任，故也不存在应收保费。

4. 储金

储金是被保险人交到保险公司的一定数量的存款金额。保险公司以存款利息作为保费收入，保险期内不论被保险人是否得到赔款，到保险期满时退还被保险人全部保险存款金额。储金统计应在保单生效、统计保费收入的同时，按发生额统计入账；长效业务的储金，按保险责任分期、分别重复统计发生额，满期还本时，不减少发生额，统计在给付款指标中并冲减保户储金余额。

5. 赔案件数和赔款

赔案件数是指发生保险事故后，按保险合同规定，由保险公司补偿被保险人经济损失的事故次数。每一保险标的发生赔案，就统计为一件赔案；若一份保单承保的若干保险标的发生赔案，就统计为若干件赔案。经业务人员理赔定损，确定保险公司应支付的赔款金额即为赔款，但此项赔款不可超过合同规定的保险金额或保险人所承保的比例，也不能高于被保险人实际所受的损失。赔案和赔款在统计上分为已决赔案、未决赔案和已决赔款、未决赔款。保险期内发生损失，已结束并给付赔款的称已决赔案和已决赔款，统计时无论哪年承保的业务和发生的损失，凡在本期支付赔款并结案的，均统计在本期内。保险期内发生赔案，但尚未处理或尚未确定赔款金额的赔款叫未决赔案或未决赔款，未决赔款平时不予统计，期末按估计金额做一次性统计。

6. 给付

给付是指人身保险业务按保单规定，由保险公司支付给投保方的非损失补偿支出，如寿险类业务中的满期给付、养老金给付、教育金给付等。储金性业务到期归还的储金，也统计在给付指标中。

7. 业务量统计

业务量统计，即统计期内签订的有效保单份数。团体投保人身险、家财险等，按一份保单计数，退保不减，加保增加，长效不重复统计。

8. 保险险种统计

保险有基本险和附加险两种形式。基本险有完整的条款，独立的保险对象，严格的保险责任范围；附加险是基本险保险范围、保险责任的扩大或特约，无独立的标的。统计时，按财产险、人身险、责任险、信用险分成四类，再分别统计其基本险、开办种类数。

9. 机构数统计

保险机构数是指分支机构和代理网点的数量，反映公司经营规模的状况。代理网点分专职代理和兼职代理两类。

10. 机构人员统计

保险机构人员是指公司本部及所属分支机构的所有在编人数（以人事部的认可为准），是考核、管理业务的重要数据之一。

（四）保险业务主要分析指标

1. 业务发展指标

（1）承保率（广度），其计算公式为：

$$承保率(广度) = \frac{承保数量}{可保数量} \times 100\%$$

或

$$承保率(广度) = \frac{承保金额}{可保金额} \times 100\%$$

$$寿险密度 = \frac{寿险保费收入}{国民人数}$$

该指标反映了保险业务的覆盖面。承保率高，说明保险业务的服务面广；承保率低，说明保险业务开展得不够。

(2) 承保深度，其计算公式为：

$$承保深度 = \frac{平均保额 \times 平均费率}{可保金额} \times 100\%$$

或

$$寿险深度 = \frac{寿险保费收入}{国内生产总值}$$

(3) 人均保费收入

其计算公式为：

$$人均保费收入 = \frac{保费收入}{平均职工人数}$$

(4) 人均费用，其计算公式为：

$$人均费用 = \frac{费用总额}{平均职工人数}$$

(5) 人均利润，其计算公式为：

$$人均利润 = \frac{利润总额}{平均职工人数}$$

(6) 计划完成率，其计算公式为：

$$计划完成率 = \frac{实际保费收入}{计划保费收入} \times 100\%$$

2. 业务质量指标

(1) 赔付率，其计算公式为：

$$赔付率 = \frac{赔款}{保费收入} \times 100\%$$

(2) 损失率，其计算公式为：

$$损失率 = \frac{赔款}{保额} \times 100\%$$

(3) 保费清偿率，其计算公式为：

$$保费清偿率 = \frac{保费收入 - (应收保费 - 分期应收保费)}{保费收入} \times 100\%$$

(4) 结案率，其计算公式为：

$$结案率 = \frac{已决赔款件数}{已决赔款件数 + 未决赔款件数} \times 100\%$$

(5) 利润率，其计算公式为：

$$利润率(保费利润率) = \frac{利润总额}{保费收入} \times 100\%$$

二、财产保险统计

（一）财产保险统计范围及内容

财产保险统计是国民经济统计的组成部分。它的基本任务是：全面贯彻《中华人民共和国统计法》，按照国家的方针政策，坚持调查研究和实事求是的工作作风，运用科学的统计方法和现代化的手段，全面、准确、及时、系统地对业务发展、经营管理等情况进行统计调查，开展统计分析，提供统计资料，实行统计监督。财产保险统计提供的各种信息是编制保险计划的重要依据，并能对保险计划执行情况进行监督、检查、分析，提出建议，确保全面完成保险计划。

财产保险统计的内容是相当丰富的，它不仅统计保险公司内部的情况，还调查统计与保险相关的外部情况；不仅统计业务情况，还统计人员、机构、固定资产投资等情况；不仅统计承保情况，还统计理赔给付情况等。

1. 市公司内部

公司内部统计的主要内容：承保、理赔情况；机构、人员情况；劳动效率情况；固定资产投资情况；财务情况；资金运用情况；职工教育情况。

2. 市公司外部

公司外部统计的主要内容：企事业单位资产情况；居民家庭财产情况；社会各类人口构成情况；工农业产值情况；企业资金效益情况；居民生活水平情况；新兴产业情况；领导和群众的保险意识情况；社会对新险种的需求情况；其他保险企业的情况；国际国内保

险市场情况等。

本公司情况是保险统计的主要内容，外部情况统计是次要的；内部的七个方面内容是必须统计的，外部的则可以根据需要有选择地进行调查统计。随着市场机制的完善、竞争形势的加剧，外部情况统计的必要性将会不断增强。

财产保险业务统计主要搜集整理业务经营中的情况信息，具体包括开办的险种、承保情况、理赔情况。

（二）财产保险统计的原始记录

原始记录是登记统计台账的主要依据。财产保险业务的原始记录主要有保险单、保费收据、批单、赔款计算书及赔款收据等。

1. 保险单的保费收据

保险单上列出了全部的保险条件和与该项保险业务有关的全部内容。作为在我国保险市场签发的正式保险合同文本，应该包括如下项目：保险人名称和固定办公地点；投保人、被保险人名称和固定住所；保险标的名称和坐落地点；保险责任和责任免除；保险期限和保险责任生效的具体时间；保险价值的衡量和评估方法；保险金额或赔偿限额；保险费的计算及其支付方法；保险金赔偿方法；违约责任和争议处理；订立保险合同的具体时间。

保费收据是由保险人收取保费时填制的收取保费的书面证明，是具有法律效力的证明文件。它必须完整、真实地记录保费收取的客观情况，为会计核算和统计核算打下基础。它一般应具备下列内容：保费收据名称；接受保费收据的单位或个人名称；编号及填制日期；内容摘要。

2. 批单

批单是保险合同双方当事人对于保险单内容进行修订或增删的证明文件。批单通常在两种情况下使用：一是对于已经印制好的标准保险单所做的部分修正，这种修正并不改变保险单的基本保险条件，或者是缩小保险责任范围，或者是扩大保险责任范围；二是在保险单已经生效后对于某些保险项目进行的调整，这种调整一般是在不改变保险单所规定的保险责任和责任免除项目的前提下，对于其他保险项目进行的修正或更改。批单的形式有多种，无论一份保险单需要增加多少批单，最后出具的批单的效力大于先前出具的批单，手写的批单的效力大于同时出具的其他形式的批单。批单一旦签发，就自动成为保险单的重要组成部分，而且批单的内容涉及与保险单相同的内容时，以批单的内容为准。批单一般应具备下列内容：名称；被保险人名称；保单号码、批单号码；批文；保险公司、经手人分别签章；填制日期。

3. 赔款计算书及赔款收据

赔款计算书是被保险人出险后，保险人经勘察理赔后出具的付款证明书，它具有法律效力。它的内容主要包括：名称；赔案编号；被保险人名称；保单号码；批单号码；保险金额；保险期限及出险日期；出险地点及原因；赔款计算及金额；当事人双方签字盖章。

赔款收据是被保险人出具的领取赔款的书面证明书，具有法律效力。内容主要包括：名称；被保险人名称；赔款金额；当事人双方签字盖章；填制日期。

（三）财产保险业务统计报表指标解释

1. 编制

统计报表是定期取得统计资料的基本调查形式。财产险业务统计报表经上级主管部门批准，统一编号后方可布置编报。为保证业务统计报表的严肃性，确保统计数据的连续性和可比性，一经确定的业务统计报表格式、内容、统计口径和统计办法不得自行更改。

如果基层公司因情况特殊，现有报表不能满足工作需要时，可由各省、自治区、直辖市及计划单列市分公司计划统计部门在完成总公司制订的业务统计报表要求的前提下，根据自身需要，制订所辖公司内使用的业务统计报表的附表，但需总公司计财部门备案。业务统计报表是公司的机密资料，应严格按照公司档案管理规定装订成册，妥善保管。报表的有关数据也是公司对外公布、宣传报道的标准口径数据。

2. 统计报表主要统计指标解释

（1）计量单位和承保数量。承保数量的单位按承保对象确定。承保的对象不同，其承保数量的计量单位也不同。例如，飞机险的计量单位为"架"，卫星险的计量单位为"笔"，家财险的计量单位为"户"。按照统计原则，计量单位不同的承保数量是不能相加的。保险责任开始后的退保，应冲减承保数量的本月、累计和期末有效数。增加标的数量的加保，承保数量增加；不增加标的数量的加保，承保数量不增加。

（2）保险金额。保险金额是指在保险合同中，经被保险人确定因保险标的遭受保险事故时，应由保险人承担经济补偿或给付的最高金额。

（3）保费收入数。保费收入数，即保单收费数，是按保险费率计算的保费数减去按规定减收、折扣和各种优待款后的余额。

保险合同生效后，按权责发生制原则，无论保费是否收入保险公司账户，均应作为保费收入统计，保险责任开始后的减ття及退保，应冲减保费收入。满期还本类险种是以储金利息作为保费收入的，统计时以会计入账数填报。一份保单包括两个以上不易分开的险种，应统计在主险内。

（4）退保费。退保费是指保险人退还给被保险人的保险费。在保险合同有效期内，保险合同如发生中途解除或保险标的危险减少、保险费率下调等情况，保险人应按有关规定将已收到的部分保险费退还给被保险人。在统计报表中，退保费直接冲减保费收入，不做单独统计。

（5）储金收入。储金收入是指在储金性财产保险业务中，保户交到保险公司的存款金额。保险责任开始后的退保，其退保金额要冲减储金收入的本月、累计和期末有效数。

(6) 期末有效数。期末有效数是自承保第一份保单开始，逐笔连续累计（包括增加和减少）的数量。储金性险种的承保数量、保险金额、储金收入均应做期末有效数统计。其计算公式为：

期末有效数 = 上期期末有效数 + 本期增加 − 本期减少（包括满期返还、以前年度承保本年度退保的退保数）

(7) 已决赔案件数。已决赔案件数是指处理完毕的赔案数量。其计量单位为"件"，按标的受损后立案次数统计。某一保险标的发生并处理了若干次赔案，则统计为若干件已决赔案件数。

(8) 已决赔款（已决赔案金额）。已决赔款是指对赔案支付的赔款金额数。它是标的赔付数与其他费用（指赔款通知单上所列出的施救费、救助费、整理费）之和，扣除收回损余款后的实际已支付的金额。

(9) 未决赔案件数。未决赔案件数是指在保险有效期间内已经发生损失，但尚未处理或正在处理但尚未办理结付手续的赔案数量。其计量单位为"件"，按报告期实际未决赔案件数统计。

(10) 未决赔款（未决赔案金额）。未决赔款是指在保险有效期间内已经发生损失，但尚未处理或正在处理但尚未最后确定赔款金额也未办理结付手续的赔款。每一笔未决赔款只要没有结案（尚未赔付，或部分赔付，或注销），每期报表都要上报。

(11) 满期返还数量。满期返还数量是指被保险人在保险期满时，由保险公司一次性全数返还给被保险人的保险合同数量。

(12) 满期返还金额。满期返还金额是指在储金性财产保险期满时，由保险公司一次性全数返还给被保险人的金额。在保险合同有效期内，当保险标的发生损失时，保险人支付给被保险人的金额应计入赔款，不在此项统计。

(13) 追偿款。追偿款是指保险人按照保险契约规定，赔付给被保险人损失金额后，从而取得"代位求偿权"，再向第三者责任方追偿的款项。如发生追偿款，应在统计报表的相应赔款栏中扣除。追偿款大于赔款时，用负数表示。

(14) 平均费率。平均费率是指保险费收入额占保险金额的百分比，是保险费率的平均水平，可以衡量保险费率是否合理。其计算公式为：

$$平均费率 = \frac{保险费}{保险金额} \times 100\%$$

(15) 赔付率。赔付率是指保险人在一定时期内用于赔偿（包括理赔费用）的总额所占同期保险费收入总额的百分比，是保险人考核其业务经营成果的主要指标，可以了解业务的损益情况，也是调整费率的主要参考依据。其计算公式为：

$$赔付率 = \frac{已决赔款}{保险费} \times 100\%$$

(16) 损失率。损失率是指某一时期内保险标的赔偿总额占同期总保险金额的百分比。一般以险种为基础进行计算，参照平均费率，可以衡量费率是否合适，是研究保险费率的主要依据之一。其计算公式为：

$$损失率 = \frac{已决赔款 + 末决赔款}{保险金额} \times 100\%$$

(17) 计划完成相对数。计划完成相对数是指统计指标实际完成数占计划数的百分比，说明计划完成的程度。

其计算公式为：

$$计划完成数 = \frac{实际完成数}{计划任务数} \times 100\%$$

三、人寿保险统计

（一）人寿保险统计指标概述

人寿保险统计指标是反映人寿保险经济现象总体总量特征的概念，其具体数值为指标值。

任何一项人寿保险统计指标都包括六个构成要素，即指标名称、计量单位、计算方法、时间限制、空间限制和指标数值。这六个构成要素可归结为两个组成部分，即统计指标概念和统计指标数值。

人寿保险统计指标是人寿保险统计工作的语言，具有重要作用。通过人寿保险统计指标，可以说明人寿保险事业发展的现状和发展过程及其发展过程中的数量关系和规律。通过人寿保险统计指标提供的各种数据，可以研究和制定人寿保险的各项方针政策，编制人寿保险计划和厘定保险费率，进行人寿保险的预测和决策。人寿保险统计指标是国民经济统计指标的重要组成部分。

I. 人寿保险统计指标的特点

人寿保险统计指标与一般的社会经济统计指标一样，具有如下主要特点：

（1）数量性。人寿保险统计指标反映的是客观人寿保险经济现象的量，而且是一定可以用数字表现的，不存在不能用数字表现的人寿保险统计指标。

（2）综合性。人寿保险统计指标说明的对象是人寿保险经济现象总体而不是个体，它是许多个体现象的数量综合的结果。如给付单个被保险人的医疗费用，就不是人寿保险统计指标，只有一定时期内人寿保险公司给付全部被保险人的医疗费用即"医疗给付"才是人寿保险统计指标。个体现象的数量综合成为人寿保险统计指标有前提条件，即这些个体在性质上必须是同类的。把性质不同的现象综合成统计指标会歪曲人们对客观现象的认识。

(3) 具体性。人寿保险统计指标不是抽象的概念和数字，它总是一定的具体的人寿保险经济现象的量的反映。不存在脱离了质的内容的人寿保险统计指标。统计指标又是客观存在的事实的反映。人寿保险统计指标和人寿保险计划指标有区别。前者反映过去的事实和根据事实推导出的一般数量，而人寿保险计划指标则说明未来要达到的具体目标。

2. 人寿保险统计指标的分类

人寿保险统计指标有多种分类，这里介绍几种主要的分类。

(1) 按内容不同，人寿保险统计指标可分为数量指标和质量指标

数量指标是说明总体外延数量特征的统计指标，一般用绝对数表示，如承保人数、保险金额、保费收入、赔款支出等。数量指标常用来说明总体的规模、总水平和发展总量。

质量指标是说明总体内涵数量特征的统计指标，一般用相对数或平均数表示，如各险种给付率、平均每年保费收入、人均保费等。质量指标常用来说明总体的各种数量对比关系和平均水平，反映工作质量、工作效率和经济效益等。

(2) 按表现形式不同，人寿保险统计指标分为总量指标、相对指标和平均指标

总量指标是说明总体现象规模和发展总量的统计指标，如承保人数、保险储金等。总量指标是人寿保险统计指标中最常用的也是最基本的统计指标，它常用来说明人寿保险企业的经营总成果和经营总规模，还可以用来计算相对指标和平均指标。需要注意的是，总量指标只是从外延上反映了人寿保险经济现象的总量，不能用来评价人寿保险企业的经济效益、经营效率和工作质量。

相对指标是说明人寿保险经济现象总体各种数量对比关系的统计指标，如各险种给付率、同期增幅比例、完成年计划的百分比等。相对指标常用来反映人寿保险经济现象的结构、比例、速度、强度、发展程度、普及程度等数量特征，可用来评价保险企业的经营效率、经济效益和工作质量。

平均指标是反映人寿保险经济现象总体各单位在某一数量标志上一般水平的综合指标，如年平均职工人数、人均保费等。平均指标将总体各单位之间在某一数量标志上的差异抽象掉，而成为表明总体数量特征的代表值，反映了总体分布的集中趋势。与相对指标一样，常用来评价人寿保险企业的经营效率、经济效益和工作质量，还可用于分析人寿保险经济现象之间的相互依存关系，以及进行资料的推算。

(3) 按在管理上所起的作用不同，人寿保险统计指标可分为考核指标和非考核指标

考核指标是根据人寿保险管理工作的需要用来评定优劣、考核成绩、决定奖罚的统计指标，如人寿保险统计报表中的保费收入、承保比重、赔付率、费用率、人均保费和人均利润等。考核指标是从所有人寿保险统计指标中精选出来的。它的现实作用很大，直接影响人寿保险企业、职工的荣誉、物质利益和积极性，选择得好会起促进作用，选择得不好会产生副作用。这类指标不宜过多。

非考核指标是用于了解情况和研究问题的指标，如人寿保险统计报表中的机构数等。考核指标也可以用来了解情况和研究问题。因此，习惯上也将考核指标和非考核指标

合在一起称为观察指标。但考核指标是根据一定的考核目的制订的，在总体范围和指标口径上和其他非考核指标不一致，使用时要注意这个问题。

3. 人寿保险统计指标的设计

人寿保险统计指标是说明人寿保险经济现象数量特征的概念及具体数值，是可以测度和计数的。设计人寿保险统计指标的目的，就是为了取得一定指标数值，使其更好地反映人寿保险经济现象总体的数量特征。保险统计工作能否发挥其应有的作用，在很大程度上取决于所设计的统计指标是否合理、科学。具体地讲，设计人寿保险统计指标应注意以下四个方面的问题。

（1）确定统计指标的名称、含义和口径。人寿保险统计指标的名称、含义要以人寿保险科学及相关科学的理论为依据。但人寿保险统计指标是反映人寿保险客观现实数量特征的，它不可能完全按照有关理论来确定，而应当在人寿保险统计实践中加以界定，即在设计和构造统计指标时，必须结合实际对象、目的及统计指标的特点，正确界定其内涵与外延。确定指标的外延，即指标的口径，就是要确定哪些内容该计入指标值，哪些内容不该计入指标值。

（2）确定统计指标的空间标准与时间标准。指标数值大小受一定的空间范围影响。空间范围的变化，必定引起对应统计指标数值的变化，故在设计统计指标时，应明确规定指标的空间范围，同时还要规定统计指标的时间标准。时间标准有时期和时点两种。若统计指标数值大小与时间长短有直接关系，如承保保额、保费等，应该以时期（如月、季、年）来规定其时间标准；若统计数值大小与时间长短无直接关系，如期末有效所包括的各项指标，则以时点（一般以期末）为时间标准。

（3）确定统计指标的计量单位。人寿保险统计指标的计量单位有无名数和有名数之分。无名数是抽象化的单位，如系数、倍数、成数、百分数等。有名数是带有自然、物理、货币或复合单位的计量单位，包括实物量、价值量和劳动量。选择何种计量单位，取决于指标的表现形式、内容及说明对象的特点等。

（4）确定统计指标的计算方法。有些人寿保险统计指标可通过登记、点数、测量和简单的加总而获得指标数值，如职工人数、保单份数、承保人数等。这些指标在确定了总体范围和指标口径以后，一般不需要规定具体计算方法。但有的指标比较复杂，如保险计划完成率、给付率、营业利润等，这类指标必须在设计中规定其计算方法。

4. 人寿保险统计指标的主要内容

第一，反映人寿保险业务承保情况的指标。为了全面反映人寿保险业务的承保情况，及时地对业务发展情况进行统计调查所设置的指标，主要有承保人数、保险金额、储金收入等。

第二，反映人寿保险业务给付情况的指标。组织补偿是保险企业的基本职能。为全面反映人寿保险业务给付情况所设置的指标，主要有给付人数、伤残给付、死亡给付、满期给付、一次性给付、医疗给付、养老金给付等。

第三，反映人寿保险企业经营核算情况的指标。为了开展经济活动分析，改善经营管理，业务分析报表中设置了各种相关指标，如承保比重、平均保费、赔付率、人均保费、人均费用、人均利润等。以上承保、理赔、核算三方面的指标，又按照各自统计目的要求进行各种分组，如按险种、业务地区、经济性质、年龄档次等进行分组统计。通过以上一系列统计指标，反映和研究人寿保险企业的全面情况，使人寿保险统计工作为开展业务、改善管理、提高经济效益服务。

（二）人寿保险的主要指标及计算方法

1. 承保人数与给付人数

承保人数是指保险公司在一定时期内签发的保险单所承保的被保险人的数量，即保险公司对多少人承担保险责任。给付人数是指按保险合同规定，保险公司实际给付各类保险金的人次。

在统计承保人数和给付人数时应注意以下四点。

（1）对于选择分期缴纳保费方式的投保人，只在其首期交费时统计承保人数，而在其续交保费时不再统计人数。

（2）对于投保人投保主险的同时又投保附加险的情况，虽然投保人是同一个人，但对寿险公司而言，对该投保人承担的是两种不同性质的保险责任，因此在统计承保人数时，应在主险和附加险报表中分别统计1人次，即对不同类型的两个险种来说仍是两个人次的投保。

（3）保险责任开始后的减保，承保人数不减少；保险责任开始后的退保，承保人数的期末有效数要冲减，但承保人数的本月数和累计数不做冲减。

（4）对于保险期满后按保险合同规定逐月领取保险金的被保险人（如养老金类的险种），只在年度内统计一次给付人数，等到次年该被保险人首次领取保险金时再统计一次给付人数，依此类推，直至保险合同效力终止。

2. 保单份数

保单份数是指保户用规定的书面形式与保险公司签订的合同数。在统计保单份数时应注意以下四点。

（1）应将保单份数与保险份数的概念区分开。现行的统计报表中未设保险份数这一指标，保险份数是对应于承保人数和保单份数的业务量指标，是计算保额的基本单位，一个被保险人的一份保单可对应承保限额内的多份保险。

（2）承保人数和保单份数的数量不一定相等，一份保险合同上可以有一个或多个被保险人，所以承保人数应大于或等于保单份数的数量。

（3）对于选择分期缴纳保费方式的投保人，只在其首期交费时统计保单份数，而在其续交保费时不再统计保单数。

（4）保险责任开始后的减保，保单份数不减少；保险责任开始后的退保，保单份数的期末有效数要冲减，但保单份数的本月数和累计数不做冲减。

3. 保险金额

保险金额是指保险公司在一定时期内签发的保险单所承保的风险额度，该指标反映了寿险公司在一定时期内承担的风险规模的大小。在统计保险金额时应注意以下四点。

（1）保险金额应按各份保险单上签订的最高给付额统计。

（2）主险和附加险应分别计算、统计保险金额。

（3）对于选择分期缴纳保费方式的投保人，只在其首期交费时统计保险金额，而在其续交保费时不再统计保额，故月报表中采用的是新增保额这一指标名称。

（4）保险责任开始后的减保和退保，保险金额的期末有效数要冲减。

4. 保费收入

保费收入是指保险公司在一定时期内签发的保险单所收取的保险费。现行的业务统计报表中将保费收入分为新保和续保两个指标。被保险人按合同规定首次缴付的保费收入计入"新保"；本年投保的保单非首次缴付的保费收入计入"续保"中的"今年之前投保"一栏。在统计保费收入时应注意主险和附加险的保费要分开统计。

5. 期末有效数

期末有效数是指保险公司在承保人数、保单份数、保险金额及储金收入等项中，在统计报告期末仍有保险责任的数量，即自保险公司承保具体业务以来，逐笔连续性具体业务保险责任的增减，到报告期期末仍负有保险责任的数量。期末有效数是滚动的余额数。

6. 伤残、死亡、医疗给付

（1）伤残给付是指被保险人在保险有效期内遭受意外伤害和因疾病而残废时，保险公司给付残废保险金。在现行的业务统计报表中，伤残给付、疾病高残、意外高残属同一类型的指标。

（2）死亡给付是指被保险人在保险有效期内遭受意外伤害或因疾病而死亡时，保险公司给付死亡保险金。在现行的业务统计报表中，死亡给付、疾病身故给付、意外身故给付属同一类型的指标。

（3）医疗给付是指保险公司给付于被保险人在保险有效期内因遭受意外伤害或疾病所致的医疗费用。现行业务统计报表中，医疗给付仅对健康而言。

7. 教育、婚嫁金给付，养老金给付，满期给付

（1）教育、婚嫁金给付是指保险公司按合同规定，在合同有效期内，根据被保险人的年龄给付相应的小学、初中、高中、大学教育金以及婚嫁金、生存安定金。

（2）养老金给付是指在被保险人生存期间，保险公司按合同规定每年（或每月）给付一定金额的生存保险金。

（3）满期给付是指被保险人生存至保险期满，保险责任终止时，保险公司按合同规定给付的保险金。

8. 解除合同，解除保额

（1）解除合同是对原退保指标的扩大，它包括退保和由于被保险人各种违约行为而导致的保险公司对其保险责任的解除。对于退保，保险公司给付退保给付金，对于违约，解除合同，保险公司给付解约金，"解除合同"栏下的给付金额指二者之和。

（2）在所统计的报告期内由于解除合同或满期给付致使保险公司对被保险人的责任终止，此时保单上尚存的保额就此解除。"解除合同"一栏，即统计在报告期内由于保险合同的责任终止而解除的保单上尚存的保额（现行险种只有一部分险种在满期给付的同时，保险责任也终止，解除保额只针对这一类险种而言）。

9. 免交责任

免交责任是指按照合同规定，投保人死亡或身体高残后保险公司仍对被保险人承担合同上规定的责任，而投保人余下未交的保费可以免交。免交责任人数是指获得免交权利的被保险人的数量。免交责任金额是指被保险人应缴纳从豁免之日起至剩下保险责任期内所豁免的保费总和。

10. 返还本金

按照险种条款规定，承保某些还本险（如团体满期还本险、养老还本险等）的被保险人发生意外死亡或高残导致死亡时，保险公司既支付相应的死亡给付金，同时还返还保险本金的情况下，填报时应将死亡给付金归入"死亡给付金额"一栏，将返还的保险本金归入"返还本金"一栏。

11. 冲减保单数

在按照险种条款规定，由于满期给付，死亡、高残或解除合同而导致保险责任终止的情况下，所减少的保单份数应记入报表中的"冲减保单数"一栏。

（三）人寿保险统计指标体系

1. 人寿保险统计指标体系的界定

社会经济现象本身就是有着广泛联系的错综复杂的总体，各类现象之间存在着互相依存和互相制约的关系。因此，要了解某种经济现象的全貌及其发展变化过程，就必须把一系列相互联系的统计指标结合起来运用和研究。这一系列相互联系的统计指标组成了整体，称为统计指标体系。人寿保险统计指标体系是由有着广泛联系的各有关人寿保险统计指标组成的总体，它是人寿保险现象数量之间互相联系的综合反映。由于人寿保险现象数量之间联系的多样性，作为反映这些现象的统计指标之间的联系也是多种多样的。如要研究和反映人寿保险企业承保的全面情况，就必须用可保标的数量、险别、保额、保费、承保深度、平均费率、业务地区、经济性质、年龄档次等各项指标来加以反映；要研究和反映人寿保险企业给付的全面情况，则必须用给付人数、给付金额、给付率等各项指标来加以反映；如要从经营情况与经营效益来研究与考核人寿保险企业的全面情况，则必须用职工人数、保费收入、给付支出、各项费用支出、利润、年内平均职工人数、人均保费、人均费用、人均利润等各项指标加以反映。全面综合上述人寿保险统计的各项指标，就形成了完整的人寿保险统计指标体系，这是全面研究人寿保险经济现象的重要手段，对人寿保险事业的发展有着深远的意义。

2. 建立和完善人寿保险统计指标体系的要求

人寿保险统计指标随着经济体制改革的深化及人寿保险实践活动的要求而不断变化和发展。为了进一步建立和完善人寿保险统计指标体系，要求做到如下六点。

（1）要从人寿保险经济活动的性质与特点出发来建立完善的人寿保险统计指标体系。人寿保险统计指标，无论是指标数量、指标口径、计量单位、计算时间和计算方法，都要充分考虑人寿保险经济活动的性质与特点，否则就不能正确地反映客观实际。

（2）要从全局出发，来建立和完善人寿保险统计指标体系。保险统计制度规定保险公司的统计分为综合统计和专业统计，采取"统一领导、分工负责、综合归口"的管理原则。也就是说，它们虽然分工不同，但在统一原则下进行管理。因此，要求它们统一指标的口径，统一计算方法等，即同一个指标在专业统计报表上的指标含义与计算口径必须和综合统计报表上的指标含义、计算口径一致，否则就会造成指标混乱，也就无法研究指标之间的内在联系，达不到正确反映实际、指导业务工作的目的了。

（3）要考虑计划、统计、会计和业务核算的统一性，在建立与完善统计指标上要加强与外部的联系。统计是为制订、监督检查计划提供资料依据的，如果统计指标与计划指标不一致，就无法使用这些资料，或者需要通过间接的再计算才能取得有用的资料，这就增加了工作难度。

另外，统计资料的来源大部分是业务核算资料，根据工作需要，业务条款、承保方式、结算方式等方面都可能发生变化，这样业务核算资料也随之变化。这就要求业务部门在满足自己业务要求的同时，也要充分考虑统计核算的要求。统计部门也要与业务部门密切联系，随时掌握变化情况，做好服务工作。

（4）要考虑人寿保险企业管理与人寿保险理论研究的需要。通过对人寿保险统计资料系统化、标准化的整理与研究，为人寿保险企业管理与人寿保险理论研究服务，是人寿保险统计工作的另一重要任务，因此人寿保险统计指标的建立与完善必须要考虑人寿保险企业管理与人寿保险理论研究的需要。

（5）要考虑统计指标的相对稳定性。随着我国经济体制改革的深化和人寿保险事业的发展，有必要根据发展变化的客观需要而增加、减少或改进一些已经使用多年的统计指标、指标口径、计算方法等，这是正常的现象。但在这些变动、调整中，也要充分考虑前后指标的可比性与相对稳定性，只有这样才能保证统计资料的连续性。注意统计指标的相对稳定性，搞好统计资料的长期积累，这对今后人寿保险工作的发展是极为有益的。

（6）要保持统计指标体系与客观条件相适应。这些条件包括人寿保险企业、行业的实际管理水平，统计手段现代化水平，统计部门现有的人力、物力、财力等。设计统计指标体系，选择指标的多少、统计项目的繁简和要求的粗细，都必须以上述实际条件为前提。

3. 人寿保险统计指标体系的构建对策

（1）经营规模统计指标体系

经营规模统计指标体系是由反映人寿保险企业发展基本情况的指标组成。其主要指标有人寿保险企业机构数、职工人数、资金占用等基本数量指标。这一类指标是人寿保险统计的基本指标，它除了能反映出人寿保险企业的发展水平外，也是计算有关统计分析指标的基础。

人寿保险企业机构数能反映出人寿保险各级组织的健全程度，也是考查人寿保险企业活动覆盖面的基本指标，说明寿险业满足社会需要的程度。

从宏观角度看，职工人数能够反映社会劳动力在人寿保险企业中占用的情况；从微观角度看，职工人数反映各级人寿保险企业职工人数分配状况，也是计算劳动生产率、人均资金占用率、人均保费、人均费用等分析指标的基础。

资金占用是企业活动的基本条件之一。企业资金占用额多少，直接关系到企业的发展，也是考查企业效益的依据。

（2）经营活动统计指标体系

人寿保险企业主要经济活动是对投保人按照一定的保险费率收取保费，汇集成人寿保险基金，当保险标的在承保责任范围内遭受损失时，给予经济补偿。因此，人寿保险经营活动统计指标包括承保人数、保险险种、保险金额、保险费、给付人数及金额等。这一组统计指标是反映人寿保险企业经济活动主要内容的指标，是人寿保险企业的核心指标。

承保人数反映寿险在社会上的实现程度。根据我国国内当前人寿保险发展的状况，承保人数也可以反映出对寿险工作宣传的程度，反映出人们对寿险的认识和需求状况。

保险险种反映人寿保险的广泛度。这一指标受两个因素影响,一是人寿保险企业自身的承保能力,二是社会的需求。两种因素相互制约,相互促进。当人们充分认识到人寿保险能够使生活得到保障时,就会要求人寿保险企业扩大保险范围,促使人寿保险部门创造条件,增加保险险种;保险险种的增加,又为人们投保创造有利条件。

保险金额是保险人承担保险责任的最高限额。它反映人寿保险企业在某一时期内或某一时点上已承担的补偿最高金额。

保险费是国民收入再分配的一种形式,也是评价保险企业活动效果和核算经济效果的基础数据。

保险给付是人寿保险企业经济活动的重要方面。保险给付指标,从社会角度看,反映出人寿保险的职能,保证人民生活安定;从人寿保险企业角度看,能够反映出为应付意外事故或疾病而给付的情况,也是考查人寿保险企业经营管理的重要指标。

四、再保险业务统计

目前,我国保险企业办理再保险业务基本上有两种形式:一是由各保险企业按照《保险法》的要求,将所承保业务的20%向国家再保险公司办理的法定分保业务;二是各保险企业之间以及与世界各保险公司之间办理的商业性再保险业务。

作为保险企业,无论是为了分散危险,还是要获取更大的承保能力,抑或是为了加强经营管理而办理的各类再保险业务,都需要对其进行必要的统计与分析。通过准确的数据和精确的分析,为企业的经营决策提供正确的依据。

(一)分出业务的统计与分析

1. 分出业务的统计

分出业务的统计可分为两类:原始数据统计(又称基础统计)和参考数据统计(又称综合统计)。原始数据是以业务报表和合同账单为基础统计出来的,供分出人自己记账、划分业务、确定保费及赔款摊分比例时使用;参考数据则是分出分保统计人员根据各种资料及信息中的数字提炼出来的与业务相关的统计分析数据,依据基础统计所提供的资料,按一定的分类或层次将其汇总以反映全面的和各种业务的经营状况。

(1)基础数据的统计

基础数据的统计,就是将实际发生的各类分出业务数字汇总、排列起来,以备归纳总结和系统地加以分析和整理。

基础数据的统计一般采用原货币,数据的来源主要是分出分保合同及业务报表和合同账单等,无论是合同分保还是临时分保,基础数据的统计都必须依照这些单证产生。如果该保单的保费不是一次性付完,而是分几期付完,在统计中就要将这部分保费按分期付费的不同时间和实际付款金额分别记入不同账单期的合同保费栏中。

例如,目前有些保险公司应用的火险业务原始保单统计卡就是登录分出分保合同账单的基础数据,该卡是账单部门做保费时采用的基础数据统计卡。这张赔款统计卡的用途主要是统计每个分出合同项下每个业务年度每期账单中发生的赔款和未决赔款数据。这些原始数据对于分出合同的安排与管理都是非常关键和十分重要的。

在基础统计中要注意,不是所有的原始统计数据都可以对外提供,有一部分是属于本公司的商业秘密或不宜让他人了解的内部资料,这些内部资料只能运用于经营决策和业务分析。

(2) 综合统计

综合统计主要是依据分出业务的基础统计所提供的资料,按一定的分类或层次将其汇总以反映全面的和各种业务的经营情况,同时还包括与业务相关联的各种资料信息、数据的提炼与选择,例如按地区划分的统计。另外,有时分保接受人要了解分入业务情况时,作为分出人还应准备的各种统计数字和图表,也是综合统计的重要内容之一。

2. 分出业务的统计分析

统计分析是分出业务管理的重要工作。分出业务的统计分析就是把实际发生的各类数字汇总起来,加以归纳整理,用来分析分出业务的发展状况和发展趋势,从而总结出分出业务的发展规律供决策者参考。

统计是搜集资料,归纳整理,便于理性化应用的过程,而统计分析才是实现决策管理的真正目的。分出业务的统计分析,比直接承保业务的统计分析要稍微复杂一些,这主要是由于再保险业务的统计中还存在按业务年进行统计分析的问题。我们现行的直接业务统计年度与会计年度是一致的,即从每年的 1 月 1 日起,至同年的 12 月 31 日止,每个会计年度有 12 个月。因此,在分析中也以会计年度内所发生的各类数据进行分析。再保险的统计要采用业务年度方法。业务年度是以业务的承保时间或合同的续转时间为基础。这个年度可能相同于一个会计年度,也可能相同于两个或几个会计年度。例如,我国的法定分保条件规定,每个业务年度连续滚转三年,即每个业务年度有 36 个月,在这期间分出公司都要向分保接受人报送报表。在再保险的统计分析中,经常要对同一业务年度的统计数据进行分析比较,进而找出其业务发展的规律性。

(二) 分入业务的统计与分析

分入业务的统计分析是经营管理中的重要环节。按照统计工作的要求,分入业务的统计也应包括基础统计、综合统计和综合分析三个方面。基础统计侧重对每个合同和每笔业务的统计及经营成果的计算;综合统计则是在上述基础上按业务年度、业务种类和分保方式以及国家或地区等进行综合统计。

1. 基础统计

统计的项目有保费、手续费、赔款、经纪人手续费、准备金和余额等。货币单位应按原币,使业务不致受汇率变动的影响。资料来源是分出公司或经纪人送来的业务账单、现金赔款通知等。其具体做法是依据资料所提供的数字在统计表可知的有关项目内进行登录，在会计年度终了时将其加总，并按规定的汇率折成统一的货币，以便汇总并加以综合统计。

通过基础统计，对于分入业务的管理主要有如下八个方面。

（1）如果分出公司未按合同的规定及时发出业务账单，接受公司应抓紧催询。

（2）接受公司对业务账单上的接受分成必须与摘要表上所填明的分成进行核对，如有不符，应立即查询。

（3）对于保费应与估价保费核对，如有较大的差别，应向对方查询。

（4）对于出险通知，应进行登记和汇总，以便估计未决赔款，并在统计表格内登录。

（5）对于信用证的开出和调整，也应登记并在统计表格内登录。

（6）由于分出公司扣存的准备金是接受公司的资产，但是否按规定应退还，会计上如无按合同的分户记录是无法掌握的，因此业务部门应加强对准备金退还的核查。

（7）接受公司对于由分出公司所提供的统计数字应与自己的统计资料进行核对，如有较大的差别，应向对方了解。

（8）根据统计资料计算合同的经营成果，对于经营良好的合同应给予支持，以维持长期和互利的业务关系。

2. 综合统计

综合统计是依据基础统计所提供的资料按一定的分类或层次将其汇总，以反映全面的和各种业务的经营情况。

基础统计的货币以原币为单位是为了不致受汇率变动的影响。但为了便于汇总，综合统计应以某种货币为单位，如美元，并规定各种货币对美元的兑换率作为记账汇率。

关于综合统计的分类或层次基本上有以下六种情况。

（1）按业务年度、业务种类和分保方式的统计。这是指按业务年度，而不是按会计年度，分别业务种类和分保方式进行的统计。一般可分为：①按业务种类。如火险、水险、航空险和责任险等。②按分保安排方法。如临时分保，又可细分为比例和非比例分保；合同分保，也可细分为比例和非比例分保。比例合同又可再分为成数和溢额分保；非比例合同又可分为低层、中层和高层。交换分入业务，应与其他分入业务分别统计，以便对交换结果进行单独的分析了解。

（2）按合同经营成果的统计。这是根据基础统计方面的合同经营成果，按业务种类和分保方式的汇总统计，以便进一步了解业务经营盈亏的全面情况。这种综合统计对业务的经营管理有一定的作用。可结合当地市场情况和分出公司的业务情况做进一步的了解，如亏损是因重大灾害事故而造成，还可继续给予适当的支持，如要求改善分保条件和减少接受成分，否则应注销这项合同。对于有收益的合同，也应做分析了解以巩固这种业务关系。

（3）按会计年度的统计。在基础统计方面，各种业务情况是按业务年度进行统计的。

按会计年度统计，是在会计年度终了时，分别业务种类，将各个业务年度情况给予汇总统计，以便了解该会计年度各种业务总的情况。

（4）按国家和地区的统计。这是指分别国家或地区进行的统计，如美国、加拿大、中南美洲、英国、法国、德国等。

（5）按经纪公司的统计。这项工作为了便于了解经纪人介绍的分入业务的情况。

（6）按分出公司的统计。这种统计是为了便于了解某个分出公司业务的情况。接受公司可视某业务的实际情况，参考上述分类和统计表格，制订合适的统计制度和统计表。编制赔案报表送交分出部门，据以通知转分接受公司，或编制赔款账要求对方赔付。

第四章 中央银行与商业银行的统计分析

第一节 中央银行统计分析

一、中央银行货币政策中间指标体系

中央银行货币政策的最终目标是：币值稳定、充分就业、经济增长和国际收支平衡。该目标也是国家的宏观经济目标。中央银行仅仅是通过货币政策工具的操作，调节货币供应量的变化，从而间接影响宏观经济目标，它无法直接控制和实现宏观经济目标，因此中央银行必须通过在货币政策工具和最终货币政策目标之间建立用金融指标表示的操作指标和中间指标，形成政策工具→操作指标→中间指标→最终目标的目标体系，便于在政策实施后密切观察这些目标的实现情况，以便随时修正政策的力度和方向，保证政策的作用机制不偏离政策轨道，获得宏观经济目标的最佳效果。

（一）货币政策中间指标选择的一般原则

1. 可测性原则

中央银行所选择的中间指标必须具有明确而合理的内涵和外延，便于观察、分析和检测，同时有稳定的获得资料的渠道，便于中央银行迅速而准确地测定相关指标，进行定量分析。

2. 可控性原则

中央银行能通过各种货币政策工具的运用，对货币政策中间指标进行有效的控制和调节，较准确地控制该中间指标的变动状况及其变动趋势，进行日常金融管理控制。

3. 相关性原则

中央银行所选择的中间指标必须与货币政策最终目标有着密切的关系，只要通过对中间目标的控制和调节，就能够促使货币政策最终目标的实现。

4. 抗干扰性原则

由于货币政策在实施过程中常会受到许多外来因素或非政策因素的干扰，所以中央银行选择的中间指标必须不受这些因素的影响，使得货币政策能顺利实施，最大限度地达到预期效果。

（二）货币政策中间指标体系

中央银行货币政策发生作用的过程相当复杂。在这个过程中，如果要求某一金融变量同时具备中间指标的四个条件是很困难的，因此货币政策中间指标往往不止一个，而是由几个金融变量组成中间指标体系。在该体系中，根据各个指标对货币政策工具做出反应的先后及距离最终目标的远近，通常将它们分为两类，一类是近期指标，另一类是远期指标。近期指标是货币政策工具直接作用的对象，中央银行对它们的控制力较强，但这些指标离货币政策的最终目标较远；远期指标是中央银行货币政策工具间接作用的对象，中央银行对它们的控制力较弱，但这些指标离货币政策最终目标较近。因此，近期指标和远期指标各有优缺点，应将两者相互配合，取长补短，合理搭配。只有这样，才能充分发挥货币政策的效力，以实现其最终目标。

1. 近期指标

（1）存款准备金

存款准备金由商业银行的库存现金及其在中央银行的准备金存款两部分组成，包括法定准备金和超额准备金。

就可测性而言，存款准备金尤其是法定存款准备金是满足这一要求的。因为法定存款准备金是商业银行缴存中央银行的，所以中央银行对其了如指掌。

就可控性而言，存款准备金也是容易满足要求的。首先，因为存款准备金是中央银行负债的组成部分，所以只要中央银行控制住创造负债的总规模，也就能控制住存款准备金。其次，从商业银行的存款准备金来源看，无非是吸收的存款、自有资金，向中央银行借入的款项、金融市场上筹措的资金。中央银行可以通过控制自身负债规模、要求商业银行进行申报注册、控制向商业银行的贷款规模等手段来对存款准备金加以控制。

就存款准备金与货币政策目标的相关性而言，也是可以满足要求的。银行体系存款准备金增加，则意味着信贷规模的萎缩、货币供应量的减少，有利于减少社会总需求，稳定物价，促进经济稳定发展。而银行体系的存款准备金减少，也可以在一定程度上抑制经济衰退，促使经济复苏。

但是，存款准备金作为货币政策近期中间指标仍具有一定的局限性。随着金融市场的不断发展、金融创新的深化以及金融管制的逐步放松，存款准备金作为货币政策近期中间指标，在可控性方面日益暴露出局限性。存款准备金不仅仅取决于中央银行的行为，更多地取决于商业银行的经营偏好,以及公众的持现比例。

(2) 基础货币

基础货币是流通中的现金和商业银行存款准备金的总和,也就是中央银行货币性负债的总额。在现代信用货币流通的条件下,中央银行增加货币发行和向商业银行放款,是增加基础货币的最主要途径。而货币供应量等于基础货币乘以货币乘数,在货币乘数一定或变化可测的情况下,通过调节基础货币就可以控制货币供应量。因此,将基础货币作为货币政策的中间指标,具有重要的意义。

就可测性而言,基础货币作为中央银行的负债,由流通中的现金和商业银行的准备金组成。中央银行每年向流通中注入多少现金货币,是完全可以测算出来的。而关于商业银行法定准备金的数据资料也可以随时掌握,因此基础货币作为货币政策中间指标能够满足可测性的要求。

就可控性而言,基础货币是中央银行可直接控制的金融变量。每年向社会注入多少现金,在一般情况下,是中央银行按照经济发展的要求,结合社会经济、金融形势自主决定的。商业银行准备金,中央银行可以通过调整法定存款准备率加以控制,即使对超额准备金部分也可加以影响。所以,基础货币作为货币政策中间指标能够满足可控性要求。

就基础货币与货币政策目标的相关性而言,由于基础货币能由中央银行直接控制,而它又是商业银行创造信用的基础,因此中央银行可以通过调节基础货币,使商业银行及公众调整其资产构成,并通过货币乘数的作用改变全社会的货币供应量,从而调节价格、利率以及整个社会的经济活动,进而影响货币政策最终目标的实现。因此,基础货币与货币政策目标具有较强的相关性。

(3) 短期利率

短期利率通常是指能够反映市场资金供求状况、变动灵活的市场利率。它是影响货币供应量和银行信贷规模的重要指标,同时,也是中央银行用于控制货币供应量、调节货币市场供求关系、实现货币政策目标的重要指标。

就可测性而言,中央银行可以随时观察和掌握市场利率水平及其结构方面的资料。中央银行制订的再贴现率除了表现为商业银行向中央银行的贷款成本外,还具有一定的告示作用,利率将会随再贴现率的变动而做相应的调整。

就可控性而言,尽管中央银行不能直接控制市场利率,但是中央银行可以根据货币市场资金供求状况和一定时期货币政策目标的要求,通过再贴现率调控市场利率。此外,中央银行可以通过更具主动性和灵活性的公开市场业务来调节市场利率。

就短期利率与货币政策目标的相关性而言,当经济活动过热从而可能引发通货膨胀时,由于贷款者考虑到贷放资金的价值损失,会要求提高利率;借款者因投资有利可图,愿意支付较高的利率,因而利率有上升的趋势。而利率的上升可以在一定程度上抑制过热的经济，有利于中央银行治理通货膨胀。

(4) 货币市场行情

货币市场是指期限在 1 年以内的短期金融工具的交易市场。其交易者主要是资金的临时闲置者和资金的暂时需求者，其交易对象主要是国库券、商业票据、银行承兑票据等。货币市场的主要功能是调剂暂时性的资金余缺。

货币市场行情能迅速反映整个社会的货币需求及其变动状况。西方经济学家称货币市场行情为"由几种变量组成的模糊混合物"。这些变量可用来测量货币市场的资金供求状况，主要包括联邦基金利率、国库券利率、会员银行借款的未偿还金额、自由准备金，以及联储对货币市场变化的主观估计等。但是，货币市场行情作为货币政策的中间指标存在着两方面的缺陷：第一，由于货币市场行情具有一定的主观性，可测性不强；第二，货币市场行情是由一系列的指标综合反映的，当这些指标发生逆向变化时，就无法获得综合的、统一的结论。

2. 远期指标

(1) 货币供应量

货币供应量作为货币政策中间指标，是现代货币数量学说针对凯恩斯学派以利率作为货币政策中间指标而提出的主张。一般来说，大多数国家根据货币的流动性，把货币供应量划分为 M_0、M_1、M_2、M_3、M_4 几个层次。

就可测性而言，这四个指标都必须从中央银行、商业银行以及其他非银行金融机构的资产负债表上获得，并可进行量化分析，因而能够满足可测性的要求。

就可控性而言，由中央银行直接创造并注入流通，其可控性最强；而商业银行的货币性负债主要是靠中央银行的货币性负债支撑的，因此，只要中央银行控制住了 M_0，就等于间接控制住 M_1、M_2、M_3。因此，M_0、M_1、M_2、M_3 这四个货币供应量指标是可以满足可控性要求的。

就相关性而言，M_0、M_1、M_2、M_3 基本代表了一定时期的社会总需求量以及整个社会的购买力。因此，一定时期的货币供应不足，会导致社会总需求小于总供给，而社会有效需求不足，就会造成资源闲置，从而阻碍经济的发展；相反，一定时期的货币供应过多，社会总需求就会大于总供给，而社会需求过旺，会导致物价上涨，引发通货膨胀，同样也会阻碍经济的发展。因此，中央银行可以根据经济形势的变化对货币供应量做出相应的调节，从而促进货币政策目标的顺利实现。

(2) 银行信贷规模

银行信贷规模通常是指银行体系对社会公众及各经济单位的存贷款总额。存贷款总额一般呈同增同减的变动趋势，贷款总额减去存款总额就是流通中的现金。由于信贷规模直接影响货币供应量，因此银行信贷规模是否适度对货币供应量以及国民经济的正常运转有着重要的影响。

就可测性而言，中央银行通过统计银行和非银行金融机构的资产负债表上的各个相关部门项目及构成，就能随时观测和分析银行信用总量及其构成，测算出银行信贷规模。

就可控性而言，中央银行通过改变法定准备金率、再贴现率或是在公开市场上的证券买卖活动，就能间接控制社会上的可贷资金。并且中央银行通过调整利率，改变存、贷款人的利息收入，也能间接地控制社会贷款的总量，从而控制银行信用量。所以，银行信贷规模作为货币政策中间目标可以满足可控性要求。

就相关性而言，由于银行信贷规模决定着社会货币供应量，从而决定着社会总需求，当银行信贷规模过大，社会存贷款总量过多时，就会引起货币供应量过多，造成社会总需求增加过快，从而出现通货膨胀的势头，进而影响和阻碍中央银行货币政策目标的实现；反之，银行信贷规模过小，社会总需求不足，也会影响货币政策目标的实现。

从上面的分析可以看出，银行信贷规模符合货币政策远期中间目标的条件。随着商品经济的不断发展，信用在社会经济生活中的地位和作用日益增强，因此对银行信贷规模的监测和调控将更具有现实意义。

除货币供应量和银行信贷规模外，长期利率（主要指中、长期债券利率）也曾作为英国中央银行的货币政策中间指标。

二、利率统计

（一）利率水平及其变动统计

1. 利率的统计分组

利率是指一定时期内利息额与贷出资本额（本金）的比例。它是衡量利息高低的指标。按照不同的划分标准，可对利率进行不同的统计分组。常用的利率统计分组是按照银行及其他非银行金融机构的信贷资金性质，即按照属于资金来源还是资金运用进行分组。

按照信贷资金的性质，利率可分成三大类。

（1）存款利率。按存款的来源不同，可将存款利率进一步划分为储蓄存款利率、企业存款利率及其他存款利率。其他存款利率主要是指商业银行及其他非银行金融机构在人民银行的准备金存款利率和备付金存款利率。

（2）贷款利率。它是银行等金融机构信贷资金运用所对应的利率。根据贷款的计划性、流动性、期限长短、贷款对象等可对其做进一步的划分，如表1所示。

表1 常见的利率统计分组表

类别	分组内容		说明
存款利率	储蓄存款利率	活期储蓄存款利率	资金来源于城乡居民
		定期储蓄存款利率	
	企业存款利率	企业活期存款利率	资金来源于企业
		企业定期存款利率	
	其他存款利率	准备金存款利率	金融机构上交中央银行存款
		备付金存款利率	
贷款利率	计划利率及浮动利率		依贷款的计划性
	流动资金贷款利率		依贷款的流动性
	固定资产投资贷款利率		
	短期贷款利率、中期贷款利率和长期贷款利率		依贷款的期限长短
	工业贷款利率、农业贷款利率等		依贷款对象所属的经济部门划分
借入（或贷出）资金利率	上借资金利率		自上级行借入资金
	同业拆借利率		金融机构之间
	贷出资金利率		借给上级行资金

(3) 借入（或贷出）资金利率。它主要是指银行及非银行金融机构之间借入（或贷出）资金的利率。

2. 平均利率

平均利率是反映利率平均水平的一般指标，是利率统计的主要指标之一。各种借贷资金的用途、期限等不同，所要求的风险补偿也就不同，因此其利息率也就存在着不同的档次。可以通过计算平均利息率来了解、分析一定时期内利率的一般水平。一般来说，计算报告期存（贷）款平均利息率的计算公式如下：

$$\frac{报告期存（贷）款}{平均利息率} = \frac{\sum[报告期某档次利率的存（贷）款平均余额 \times 该档次利率]}{\sum 报告期某档次的存（贷）款平均余额} \times 100\%$$

从上式我们可以看出，平均利率是以存（贷）款平均余额为权重进行计算的，其原因是利率水平受不同档次信贷资金运动量的影响。贷款平均利率的权重，即贷款平均余额，应为报告期内实际发放的贷款，无论是否收入，都应进行计算。报告期实际发放贷款的平均利率，应依据报告期借款合同或贷款发放登记簿的有关数据进行计算。

3. 利率指数

利率指数是反映两个不同时期利率变动程度的相对指标，可用于观察不同时期利率水平的变动程度，并进一步分析利率变动的原因、利率变动对经济运行的影响以及利率变动与物价、资金利润率的关系等，并以此作为制定调节利率政策的依据。

利率指数通常分为存款利率指数与贷款利率指数。常见的贷款利率指数有以下三种。

（1）单项贷款利率指数。这是报告期该项贷款平均利率与基期该项贷款平均利率之比，反映某单项贷款利率的变动情况。公式如下：

$$单项贷款利率指数 = \frac{报告期该项贷款平均利率}{基期该项贷款平均利率} \times 100\%$$

（2）综合贷款平均利率指数。这是报告期综合贷款平均利率与基期综合贷款平均利率之比，反映不同时期实施贷款的平均利率的变动情况。公式如下：

$$综合贷款平均利率指数 = \frac{报告期综合贷款平均利率}{基期综合贷款平均利率} \times 100\%$$

（3）综合贷款利率指数。这是报告期综合贷款利率与基期综合贷款利率之比，反映不同时期综合贷款的利率变动情况。一般以派氏指数计算方法来计算，亦即以报告期贷款数量为同度量因素（即权重）进行计算：

$$综合贷款利率指数 = \frac{\Sigma(报告期贷款量 \times 报告期贷款利率)}{\Sigma(报告期贷款量 \times 基期贷款利率)} \times 100\%$$

为了便于计算，贷款量可用年平均余额来表示：

$$年贷款平均余额 = \frac{贷款量 \times 贷款日期}{360}$$

贷款利率可用年利率表示，年利率 = 月利率 × 12。

由于经济发展及管理上的需要，贷款种类也在不断变化，有的可能被取消，有的可能被新设，所以在计算综合贷款利率指数时，就可能出现缺少基期贷款利率的情况，此时可通过选择与报告期的贷款对象和用途相类似的基期贷款利率来计算。

此外，存款利率指数的计算方法与贷款利率指数的计算方法基本相同，在此从略。

（二）利率与相关因素之间关系的统计分析

1. 利率与物价弹性之间的关系分析

在经济学中，我们经常用弹性来表示因变量对自变量的反应的敏感程度。如需求弹性用来表示一定时期内一种商品的需求量变动对于该商品价格的相对变动的反应程度;价格存款弹性表示存款的变动对价格变动的反应程度等。弹性的一般公式为:

$$弹性系数 = \frac{因变量的变动比例}{变量的变动比例}$$

若两个经济变量之间的函数关系为 $Y=f(x)$,以 Δx、ΔY 分别表示变量 x、Y 的变动量,以 e 代表弹性系数,则:

$$e = \frac{\Delta Y}{\Delta x} \cdot \frac{x}{Y}$$

通常将上式称为弧弹性公式。

若经济变量的变化量趋于无穷小,则弹性就是因变量无穷小的变动率与自变量无穷小的变动率之比,即:

$$e = \lim_{\substack{\Delta X \to 0 \\ \Delta Y \to 0}} \frac{\Delta Y/Y}{\Delta X/X} = \frac{\mathrm{d}Y/Y}{\mathrm{d}X/X} = \frac{\mathrm{d}Y}{\mathrm{d}X} \cdot \frac{X}{Y}$$

上式被称为点弹性公式。

根据上述弹性的基本概念,可以推导出价格存款弹性系数、利率存款弹性系数的计算公式。

设 D 代表存款,i 代表利率,P 代表价格:

(1)价格存款弹性系数

设 $D=f(P)$,即存款是价格的函数,则价格存款点弹性系数的计算公式为:

$$e_{D \to P} = \frac{\mathrm{d}D/D}{\mathrm{d}P/P} = \frac{\mathrm{d}D \cdot P}{\mathrm{d}P \cdot D} = f'(P) \cdot \frac{P}{D}$$

若假定价格与存款呈线性关系,即 $D=a+bP$,则可得:

$$\frac{\mathrm{d}D}{\mathrm{d}P} = b$$

代入上式,可得:

$$e_{D \to P} = \frac{bP}{D} = \frac{bP}{a+bP}$$

在实际统计工作中,往往通过计量经济学方法求该弹性系数,而所得到的模型是否符合研究分析的要求,则需进行经济意义检验、统计检验和计量经济学检验等。

(2) 利率存款弹性系数

设 $D = f(i)$，即存款是利率的函数，则利率存款的弧弹性为：

$$e_{D \to i} = \frac{\Delta D/D}{\Delta i/i} = \frac{\Delta D}{\Delta i} \cdot \frac{i}{D}$$

利率存款点弹性为：

$$e_{D \to i} = \frac{\mathrm{d}D/D}{\mathrm{d}i/i} = \frac{\mathrm{d}D}{\mathrm{d}i} \cdot \frac{i}{D} = f'(i) \cdot \frac{i}{D}$$

2. 利率与物价的相关统计分析

北欧学派创始人魏克塞尔和美国经济学家费雪都认为，可以用货币标准或实际货币实物标准来计算利率，前者对应的是"名义利率"，后者对应的是"实际利率"（我们日常讲的利率指的是名义利率）。但在现代市场经济条件下，通货膨胀是常见的现象。所以，考虑到物价变动因素，我们有如下关系式：

实际利率 = 名义利率 – 通货膨胀率

该式为我们提供了在通货膨胀条件下分析利率变动的工具。

在实际经济生活中，判断利率水平的高低，不能只看名义利率，而应看实际利率。当通货膨胀率高于名义利率时，实际利率就会小于零，出现负利率。负利率有许多弊端，因此当负利率存在时，必须通过制定相应的利率政策，使负利率尽快过渡到正利率。

3. 利率变动趋势的分析预测

对利率变动趋势进行的分析预测，应从影响利率及其变动的因素着手。影响利率及其变动的因素主要有四个：经济运行趋势变动、货币当局的行为、物价水平及政府财政预算。

(1) 经济运行趋势变动与利率变动趋势。经济运行趋势的变动会引起社会资金供给和需求的变动，从而影响利率的变动。当经济运行处于经济的扩张期时，各项经济活动频繁，对资金的需求增加，而作为资金价格的利率就会上升；在经济运行处于衰退期时，经济活动趋于萧条，对资金的需求下降，利率则会下降。

(2) 货币当局的行为与利率变动趋势。利率水平及其变动在很大程度上受到货币当局的货币政策制定和执行的影响。中央银行一般通过调整存款准备金率、贴现率、公开市场业务三大货币政策工具来控制货币供应量，并通过对金融机构信贷能力的控制，调控利率水平。中央银行制定的利率政策及其调节可直接影响利率水平及其变动。将经济活动指标与货币政策结合起来，可分析预测利率的变动趋势。

(3) 通货膨胀与利率变动趋势。通货膨胀预期会影响资金供求双方的贷款协议能否达成，因此通货膨胀也是中央银行确定利率水平的重要参考因素之一，从而对利率有显著的影响。一般来讲，预期通货膨胀率上升，则名义利率随之上升，反之则下降。

(4) 财政预算与利率变动趋势。财政赤字与高利率往往相伴，但是也有相反的情况。

(三) 利率风险统计分析

1. 利率风险及产生原因

利率风险就是指由于预期的市场利率水平与到期的实际市场利率水平产生差异而导致形成损失的可能性。

产生利率风险的原因，主要有以下三个方面：

(1) 借贷关系的产生及其变化。利率作为资金的价格，往往在借贷活动中才能得以体现，利率与借贷活动总是相伴相随。只要借贷关系产生及发生变化，利率就有可能发生变化，从而利率风险就有可能形成。

(2) 利率的波动。由于利率的变动受到借贷资金的供求关系、物价水平、财税政策及国际金融形势等诸多因素的影响，而这些因素又都在动态变化中，因此只要这些因素发生变动，就有可能引起利率的波动，从而产生形成利率风险的可能。

(3) 利率预期与到期实际市场利率的差异。由于人们的有限理性，现实经济生活中不可能做到预期利率与到期实际市场利率完全一致，二者总会有所差异，因此就有可能产生利率风险。

2. 利率风险的评估及预测方法

(1) 利率风险的评估

常见的利率风险评估方法有以下两种。

一是缺口分析。缺口分析就是通过对资产负债表的缺口进行分析来评估利率风险。缺口就是资产与负债在某一分类栏的差额，若资产小于负债，则缺口就为负数，反之则为正数。总缺口是由多个缺口相加而得的，它表明有多少负债或资产需要更新。如果利率下降，总缺口为正缺口的银行就面临利率损失风险，总缺口为负缺口的银行就能获得额外的收益。如果利率上升，则情况刚好相反。通过缺口分析，可以寻求减少利率风险的策略及方法。

二是期间分析法。期间分析主要集中于分析金融机构净值的市场价值和公司目前净值的市值代表以及所有未来年份净利息收入的现值。如果净值减少，那么年净利息收入也会随之减少。上述的缺口分析仅考虑利差及其对净收益的影响，而期间是以时间为单位衡量的，它是平均到期 EI 的尺度。运用期间分析评估利率风险时，先分别计算资产和负债的期间，如果资产期间超过负债期间，当利率上升时，负债市值就会下降，这意味着这家金融机构会面临利率损失风险；当资产期间和负债期间相等时，利率风险就可消除。

在实际评估利率风险时，往往将缺口分析与期间分析结合起来加以运用。

(2) 利率风险的预测方法

利率风险预测是指人们对利率变动可能带来的风险进行预测，包括预测影响利率变动的原因、风险的大小等，并预期未来某一时期可能出现的实际结果。通过利率风险预测，可以对利率变动可能造成的风险进行事先的防范或保值，最大限度地防范和减少利率风险。

常用的利率风险预测方法有以下三种。

一是经济计量预测方法。这种方法将经济学、金融理论、统计学、数学方法有机结合，以计算机为辅助手段，把影响利率变动的各种主要变量，采用建立经济计量模型的方法进行定量研究，分析其变动可能造成的风险。经济计量方法一般把重点放在分析货币当局的行为，通过观察货币政策制定、实施的变化情况，分析其未来发展趋势，同时可以将通货膨胀、经济周期等变量因素加入进行考虑。因此，这种方法主要用于长期利率风险的预测。

二是判断预测法。其做法是，预测人调查各方人士的意见和看法，得出预测结果。它是主观推断利率走势的预测方法。一般采取抽样调查方法，在充分考虑银行、企业、居民等对利率变动的意见，具体分析产生这些意见的原因，最后综合各种意见，找出具有代表性的结论，并以此作为预测利率的依据。这种方法的优点是能够充分考虑各种非定量因素的作用，使得预测结果更趋现实。该种方法主要用于短期利率风险的预测。

三是技术预测方法（也称为图表法）。这种方法主要通过统计图表，把利率的历史数据记录下来，通过对各种数据进行统计分析，对利率的变化趋势、变化周期进行研究判断，从而对利率未来的变化趋势进行预测。

三、货币购买力统计

货币购买力是指单位货币所能买到的商品和劳务的数量。它的大小直接受商品和劳务价格的影响。商品和劳务价格上涨，单位货币购买力就下降，居民以货币购买的商品和劳务的数量就减少，生活水平就会下降；反之，商品和劳务价格下降，货币购买力就提高。

货币购买力统计就是通过计算各种指标来反映货币购买力的变化及其对居民生活水平的影响。

（一）货币购买力分析指标

1. 货币购买力指数

在实际测算中，往往是采用货币购买力指数来反映不同时期货币购买力的变动，以说明单位货币在不同时期所能获得的商品和劳务数量的变动情况。其计算公式是：

$$货币购买力指数 = \frac{报告期单位货币购买某种商品（或劳务）的数量}{基期单位货币购买同种商品（或劳务）的数量}$$

货币购买力指数也可以利用货币购买力同物价变化成反比的关系来表示，公式为：

$$货币购买力指数 = \frac{1}{价格指数}$$

货币在居民的生活消费中被用来购买多种商品和劳务，因此不能根据一种商品或一项劳务价格变化确定货币购买力的变动，而要根据居民日常生活必需的大多数主要消费品和劳务价格变动进行计算。

生活费价格指数是综合反映居民消费品和劳务性支出这两部分价格变动程度的相对数。其计算公式为：

$$生活费价格指数\ \overline{K}_P = \frac{\sum p_1 q_1}{\sum p_0 q_0}$$

式中：p_0、p_1 分别为基期和报告期消费品价格；q_0、q_1 分别为基期和报告期消费品数量。价格的变化同货币购买力的变化成反比，所以，货币购买力指数是生活费价格指数的倒数。公式为：

$$货币购买力指数 = \frac{1}{生活费价格指数}$$

$$货币购买力指数 = \frac{1}{\sum p_1 q_1 / \sum p_0 q_0}$$

2. 实际工资指数

实际工资指数是将货币工资指数与货币购买力指数联系起来，反映职工在不同时期用同样数量的货币工资所能购买的商品和劳务数量变动情况的经济指数。职工工资可分为名义工资和实际工资。名义工资是以货币数量表示的工资，即货币工资。实际工资是职工的货币工资实际上能买到的商品和劳务的数量。一定的货币工资在市场上能够买到的商品和劳务的数量，要受所买商品和劳务价格变动的影响。价格上涨，则能够买到的商品和劳务的数量就会减少，其实际生活水平则会下降，也就是实际工资下降。实际工资水平随着货币工资的增加而提高，随着职工生活费价格的上涨而降低。因此，实际工资指数的计算公式为：

$$实际工资指数 = \frac{货币工资指数}{生活费价格指数} = 货币工资指数 \times 货币购买力指数$$

当实际工资指数大于 1 时，说明货币工资指数大于生活费价格指数，实际工资水平提高；当实际工资指数小于 1 时，则说明实际工资水平降低。而实际工资水平降低在其他条件不变的情况下，则说明通货膨胀率在上升。

因此，可以根据实际工资指数、货币工资指数和生活费价格指数三者的关系，比较职工在不同时期实际工资的变动情况，并分析这种变动在多大程度上受货币工资增减的影响，在多大程度上受职工生活费价格升降的影响。这一指标能较好地反映职工实际生活水平的变化趋势，并可进一步分析通货膨胀的程度。

（二）货币购买力分析的内容

可以从以下四个方面对货币购买力进行统计分析。

1. 不同商品的购买力

由于我国价格管理体制的约束，不同的商品有不同的价格形成机制，如统一的国家牌价、有限度的浮动价和完全灵活的市场价等。

2. 同一商品的购买力

商品价格形成机制不同会导致货币购买力的决定因素有所区别。由统一的国家牌价决定的商品价格，其货币购买力由计划确定；由有限度的浮动决定的商品价格，其货币购买力由买卖双方的意愿确定；由完全灵活的市场价格决定的商品价格由供求关系确定。在这几类商品的价格确定中，哪一类价格所占比重大，货币购买力便主要受制于哪一种因素。随着价格体制改革的推进，货币购买力主要由市场供求关系决定。

3. 不同区域的购买力

由于种种原因，各个地区的经济发展水平不尽相同，发展快的地区物价水平相对较高。如果仅就地区物价的差别来说，高物价地区的单位货币购买力较低，而低物价地区单位货币购买力则较高。但如果纳入货币收入这一因素，则收入高的地区社会货币购买力一般高于收入低的地区的社会货币购买力。社会货币购买力是指全社会货币量所能购买的商品和劳务的总量。由于收入高的地区拥有的货币量多，因而所能购买的商品和劳务的数量也比收入低的地区多。

4. 购买力投向

购买力投向也称商品需求构成或商品消费构成，一般分为生活资料和生产资料两大投向。生活资料购买力主要包括城乡居民购买力和社会团体购买力，生产资料购买力主要是指农业劳动者和城镇个体劳动者购买生产资料的货币支付能力。通过购买力投向分析，可以掌握社会购买力在各类商品之间的分配比例及其变化趋势，这对保持社会购买力和商品可供应量的平衡，进而保持社会总需求和社会总供给的平衡，起到积极的作用。

第二节 商业银行统计分析

一、商业银行统计概述

（一）商业银行的职能和业务

商业银行一般是指吸收存款、发放贷款和其他中间业务的金融机构。它是国民经济的综合部门和社会资金运动枢纽，是市场经济条件下银行体系的主体，与其他金融机构相比，商业银行的业务更具综合性，功能更齐全，服务更广泛。"随着我国时代的发展和市场经济的不断深入，商业银行的一举一动日益受到人们的关注。"[1]

商业银行在社会经济中发挥着许多重要的职能。它具有信用中介的职能，它以各种方式，通过各种渠道吸收社会闲散资金，然后以信贷方式将其投向国民经济的各部门，满足经济发展对资金的需要。它具有支付中介的职能，为客户办理货币收付业务与结算业务，扮演货币保管者、出纳和支付代理人的角色，为商品交易的货币结算提供付款机制。它具有金融服务职能，不断开发新的金融产品，为社会经济中的各部门开展更方便有效的金融服务，促进社会经济的发展。

商业银行的主要业务包括负债业务、资产业务、中间业务和表外业务。负债业务主要指吸收资金的业务，它是商业银行主要资金来源的业务，是商业银行经营活动中的基础性业务，决定着银行资金来源的规模与构成，是商业银行开办资产业务的前提和基础。资产业务是指商业银行把负债业务所获得的资金加以运用，从而取得收益的业务，主要包括现金资产业务、放款业务、投资业务、贴现业务和固定资产业务，其中以放款业务、投资业务和贴现业务为主。中间业务是指商业银行无需动用自己的资金，只代理客户承办首付和委托等事项，从中收取手续费的主要业务，包括结算业务、信托业务、租赁业务、代理业务和其他服务型业务。表外业务是指商业银行资产负债表以外的各项业务，其中一部分将转变为银行的实有资产和负债，主要包括贷款承诺、担保、调期和套头交易、代理客户买卖、分销证券等。

（二）商业银行统计分析的主要内容

商业银行统计分析是利用各种统计分析方法和工具，对商业银行经营管理的数据进行

---

[1] 何长俊.商业银行统计管理工作[J].中外企业家，2015（02）：36.

分析研究，寻找内在规律，为决策者和管理者提供决策与管理的依据。商业银行统计主要围绕其主要业务和经济效益情况展开，包括：第一，资产负债统计，其中包括资产业务统计、负债业务统计、信贷资金营运分析等；第二，经济效益分析，其中包括社会经济效益分析，银行自身经济效益分析等。通过这些分析，我们能清楚地了解银行的经营运行情况，分析银行之间的差异，比较银行竞争力。

对商业银行进行统计分析需要大量的数据资料，这些资料来源于商业银行自身业务运营中积累的大量业务数据，也来源于宏观经济环境的一些指标数据。具体来说，主要包括以下几类：

（1）业务经营数据。它是资产负债表、损益表、其他经营报表、综合统计报表以及商业银行累计的历史经营数据。

（2）信贷数据。它是商业银行在为客户提供信贷服务过程中积累的丰富的客户数据资料。

（3）金融市场和同业数据。它是货币供应量、利率环境、汇率环境、同业竞争数据等。

（4）宏观经济数据。它是GDP、工业产出、物价水平、投资水平、消费、就业等宏观经济指标。

（5）为某一目的进行的调查得到的数据资料。

（三）商业银行统计分析意义

商业银行的经营范围渗透到了社会经济的各个角落。为了加强对经营业务的管理，强化商业银行在社会经济中所起到的各种有效作用，商业银行的各级机构都必须随时了解其经营业务的情况。商业银行统计分析恰好为其提供了与此相关的信息。这些信息可以为商业银行的业务管理、市场营销、金融资产开发等经营业务活动提供可靠资料，为银行制定发展目标、发展规划、政策决策等提供依据。可以说，商业银行统计分析对商业银行的运作有着举足轻重的意义。具体说来，商业银行统计分析有以下四方面的意义。

第一，通过分析主要业务以及经济效益的各项统计指标，银行的领导层、决策者能够把握银行的经营情况，分析不足，预测未来的走势，制定有效的经营方针政策，提高银行的业务水平。

第二，通过统计分析商业银行的经营状况，中央银行可以更好地了解商业银行的经营情况，从而更行之有效、有的放矢地对商业银行进行管理。

第三，通过商业银行公布的有关自身经营状况的分析统计，社会经济中的其他成分能够了解到与自身发展相关的信息，特别是关于社会资金流量的信息，从而能更好地为自身的发展做出规划。

第四，通过商业银行的统计分析数据，国家经济发展规划部门也能更清楚地认识现阶段社会各经济部门的发展状况、社会资金的流向，从而更好地调整、规划社会经济的发展。

二、商业银行信贷收支统计

信贷收支是商业银行以信用方式集中和分配资金的主要方式。商业银行的信贷收支统计可以全面反映银行信贷资金的来源和运用情况，反映资金的结构、投向和分配，反映金融活动的运行情况。它是研究货币政策、分析信贷计划执行情况、合理使用资金、提高资金使用效益、加强金融运行监测与宏观调控的重要基础和依据。按照央行规定，成为股份制银行后不再编制银行信贷收支表。

（一）商业银行信贷收支统计的内容

商业银行信贷收支统计包括信贷资金来源统计和信贷资金运用统计。

1. 信贷资金来源统计项目

（1）各项存款：①企业存款，是指企业存入商业银行的暂时闲置的资金，包括活期存款和定期存款。企业活期存款可进一步划分为工业、商业、建筑业企业、集体企业、乡镇企业、"三资"企业、私营企业和个体工商业者存款和其他企业存款。在定期存款中，包括企事业单位的定期存款、单位信用卡保证金存款、单位信用卡备用金存款。②居民储蓄存款，是指商业银行吸收城乡居民货币收入中的待用款和节余款，包括活期储蓄存款和定期储蓄存款。③农村存款，是指农村集体单位、乡镇企业、各种专业户和承包户的生产周转金、积累基金、分配基金和农村信用社的转存款等。④信托类存款，是指根据存款单位或个人的存款申请，委托代营或运营的资金。⑤其他存款，是指部队存款、应解汇款和临时存款。

（2）发行金融债券。这是商业银行通过发行债券所收集的款项，债券分为短期债券、中长期债券、国家投资债券等几类。

（3）卖出回购证券。这是商业银行与其他机构、企业或中央银行以合同或协议的形式，按一定价格卖给其他企业的证券，到合同规定日期再按合同规定价格买回该批证券，以取得买卖差价。

（4）向中央银行借款。这是商业银行向中央银行借入的信用贷款以及中央银行对商业银行的再贴现。

（5）同业往来。这是指商业银行之间往来过程中，其他银行或金融机构在本行的存放款，或从其他银行与非银行金融机构拆入的资金，包括同业存放和同业拆借。

（6）委托存款及委托投资基金。这是指部门和单位存入商业银行用于发放委托贷款或投资的基金存款，包括委托存款和委托投资基金。如中央政府委托存款与贷款、地方政府委托存款与贷款、企业委托存款与贷款以及委托投资、委托投资基金等。

（7）代理金融机构委托贷款基金。这是指商业银行代理中央银行、政策性银行和其他金融机构的委托贷款基金。

（8）所有者权益。这是投资者交付商业银行支配和经常运用的资金，也是商业界银行信贷资金来源中最稳定的部分，包括实收资本和历年中的各种积累。其中，所有者权益能用于信贷投放的资金部分，为自有信贷资金，即所有者权益减固定资产净值、无形资产及递延资产的余额。当年结益是指本年度实现的利润，在未进行利润分配之前可以作为信贷资金使用。

(9) 各项准备。这是指商业银行按规定提取的坏账准备金、贷款呆账准备金和投资风险准备金。

(10) 其他。这是信贷资金来源与运用的平衡项目。

2. 信贷资金运用统计项目

(1) 各项贷款：①短期贷款，是指商业银行对企业发放一年以下的用于流动资金的贷款，包括工业贷款、商业贷款、建筑业贷款、农业贷款、乡镇企业贷款、"三资"企业贷款、私营及个体贷款、贴息及短期贷款。②中长期贷款，是指商业银行发放一年以上的流动资金贷款和用于基本建设、技术改造等的贷款，包括基本建设贷款、住房开发贷款、商业用房开发贷款、其他地产开发贷款、技术改造贷款和其他中长期贷款。③票据融资，是指商业票据的贴现和转贴现形成的资金运用。④各项垫款，包括承兑、贴现、信用证等项垫款。

(2) 有价证券及投资。这是指存款性金融机构购入的以持有生息为目的的各类有价证券。如自营证券、短期投资、信托投资和长期投资等。

(3) 买入返售证券。这是指做证券的逆回购业务而形成的资金占用。

(4) 在中国人民银行存款。这是指商业银行在中国人民银行的备付准备金存款，包括向中国人民银行缴存的法定准备金、存放中央银行存款、存放中央银行清算汇票款等。

(5) 存放中央银行特种存款。这是指商业银行按照中央银行的要求在法定准备金之外的存款。特种存款是中央银行调整信贷资金结构和信贷规模的重要措施。中央银行按照商业银行和其他金融机构的信贷资金营运情况，根据银根松紧和资金调度的需要，以特定方式向金融机构集中一定数量的资金。

(6) 存放中央银行的财政性存款。这是指商业银行吸收的财政性存款按规定划缴中央银行。

(7) 同业往来。这是指商业银行之间往来过程中发生的同业资金运用，包括存放同业和同业拆出。

(8) 系统内往来。这是指商业银行上下级行之间往来资金的运用，包括存放联行款项、向上级行或下级行拆出资金等。

(9) 代理金融机构贷款。这是指商业银行代理中央银行、政策性银行和其他金融机构委托贷款，代理人民银行专项贷款。

(10) 外汇占款。这是指商业银行购买外汇而占用的人民币资金，包括结售汇人民币资金、兑换和外币占款。

（二）各商业银行信贷收支表的编制

各类商业银行，如国有独资商业银行、股份制商业银行、城市商业银行和农村商业银行信贷收支表的编制，都是以同类性质单个商业银行的信贷收支表的合并。现以国有独资商业银行为例，说明各类商业银行信贷收支表的编制。

1. 信贷资金来源项目的编制

（1）汇总的项目有各项存款、代理财政性存款、应付及暂收款、向中央银行借款、各项准备金、所有者权益。

（2）合并的项目有金融债券、卖出回购证券、委托存款及委托投资基金、代理金融机构贷款基金、同业往来。

（3）轧差的项目有：其他。

2. 信贷资金运用项目的编制

（1）汇总的项目有各项贷款、有价证券和投资、应收及暂付款、存放中央银行的准备金存款、存放中央银行特种存款、缴存中央银行财政存款、库存现金、外汇占款。

（2）合并的项目有买入返售证券、同业往来、代理金融机构贷款。

三、商业银行的资产负债统计

（一）商业银行的资产负债表

商业银行资产负债统计分析是对商业银行资产负债表中的数据进行统计分析，从而客观地反映出商业银行的资产负债状况、主要业务状况，以及一段时期内资产负债和主要业务的发展变化情况。通过资产负债分析，我们可以及时了解包括资产业务、负债业务、中间业务以及其他主要业务的运营状况，及时发现经营过程中暴露出来的问题。

商业银行的资产负债表是综合反映其资产负债科目及数量的会计报表，是进行资产负债统计分析的基本资料。

（二）商业银行资产统计指标体系

资产是商业银行拥有或控制的，以货币计量的各种财产、债券和其他权利，包括流动资产、长期资产、无形资产、递延资产及其他资产。

1. 流动资产

（1）现金及银行存款。这主要是指商业银行库存的现金，但不包括银行内部各部门周转用的现金。

（2）贵金属。这主要是指银行在国家允许的范围内买入的黄金、白银等贵重金属，按照中央银行的规定，商业银行收购的金银原物并按收购价全部交售中国人民银行。

（3）存放中央银行款项。这主要是指商业银行在中央银行开户并存入的用于支付清算、调拨款项、提取或解交现金、往来资金结算以及按规定缴存的财政性存款和一般性存款等款项。

（4）存放同业款项。这是指同业之间由于资金往来业务的联系而存放于同业的资金，按规定，金融企业间小额资金的清算，通过同业往来科目核算，即通过相互转汇的办法办理。对于大额汇款和资金划拨，一律通过中国人民银行办理转汇，并清算资金，即通过存放中央银行款项核算。各商业银行之间的资金横向融通，相互拆借，也应通过中央银行存款账户进行核算，不能互相直接拆借资金。

（5）存放联行款项。这是指银行在办理结算业务过程中，与联行发生资金往来关系而存放在联行的款项。包括联行往账、联行来账、上年联行往来、省辖往来、县辖往来、存放二级准备金、联行清算准备金、联行汇差资金、汇差资金划拨、信贷资金调拨等，适用于不同层次的资金账户往来处理。

（6）拆放同业。这是指商业银行将短期闲置资金拆借给其他金融企业的资金。

（7）短期贷款。这是指商业银行对外贷出的期限在一年以内（含一年）的各种贷款。如工业贷款、商业贷款、建筑业贷款、农业贷款、乡镇企业贷款、"三资"企业贷款、私营企业及个体贷款，等等。

（8）应收进出口押汇。这是指商业银行因开展进出口押汇业务而发生的应收押汇款项，包括进口押汇和出口押汇。

（9）应收账款。这是指商业银行因经营业务发生的各种应收款项，包括各种贷款的应收利息、应收手续费、应收证券买卖款项、应收租赁收益等。

（10）坏账准备。为了便于银行及时处理应收账款的坏账损失，商业银行按年末应收账款余额的3%提取坏账准备金，在营业费用中列支，用于回收无法收回的应收利息。

（11）其他应收款。这是指商业银行对其他单位和个人的应收及暂付的款项。

（12）贴现。这是指银行对票据收款人提出的未到期票据，按贴现率给予贴现。它是银行的信用业务，是一种放款形式。

（13）短期投资。这是指商业银行购入的各种准备随时变现的，持有时间不超过一年的有价证券及其他投资，包括股票债券等。

（14）委托贷款及委托投资。这是指由政府部门、企事业单位及个人等作为委托人提供资金，由贷款人（委托人）根据委托人确定的贷款对象、用途、金额、期限、利率等代为发放，监督使用，并协助收回的贷款。贷款人（受托人）只收取手续费，不承担贷款风险。如中央政府委托贷款、地方政府委托贷款、中央银行委托贷款、政策性银行委托贷款等；代理金融机构投资、代理企业投资、代理政府投资等。

（15）代理证券。这是指银行接受客户委托，代理客户进行发行、兑付、代收、代购等证券业务。包括自营证券、代发行证券（如国家债券）、代兑付证券、代收、代购证券等。

（16）买入返售证券。这是指商业银行与客户签约买入的有价证券。约期到后，以协议规定的卖出价卖给原客户，以获取买入价与卖出价的差价收入。

(17) 待处理流动资产损失。这是指在清算财产和经营中查明尚待处理的各种物资和证券等流动资产的盈亏和损毁减去盘盈后的净损失额。

(18) 一年内到期的长期投资。这是指银行长期投资中将于一年内到期的债券和投资。

2. 长期资产

(1) 中长期贷款。这是指银行对外发放的一年期以上（不含一年）的贷款，主要用于固定资产建设。它包括：基本建设贷款、技术改造贷款、住房开发贷款、商业用房开发贷款、其他地产开发贷款，及其他中长期贷款等。

(2) 逾期贷款。这是指银行发放的已经到期尚未归还的贷款。它包括：逾期贷款，即借款合同约定到期（含展期后到期）未归还的贷款；呆账贷款，即按财政部有关规定列为呆账的贷款；呆滞贷款，即按财政部有关规定，逾期（含展期后到期）超过规定年限以上仍未归还的贷款；或虽未逾期或逾期不满规定年限但生产经营已终止，项目已停建的贷款；还有逾期租赁款、催收租赁款。

(3) 贷款呆账准备金。1993年起，我国的呆账准备金按企业年初贷款余额的6%全部提取，直至历年结转的呆账准备金额达到年初余额的1%，而后改为按年初放款余额的1%实行差额提取，并在企业营业费中列支。企业按规定对呆账贷款核销时，冲减呆账准备金。

(4) 应收租赁款。这是指商业银行以融资租赁业务租出资产应收的款项。

(5) 未收租赁收益。这是指商业银行应收而未收的全部租赁收益。

(6) 应收转租赁款。这是指商业银行开展转租业务应收的款项。

(7) 转租资产。这是指商业银行进行融资租赁业务的租赁资产。

(8) 代转租赁资产。这是指商业银行融资租赁业务以租出资产的所有权。

(9) 经营租赁资产和经营租赁资产折旧。这是指商业银行进行租赁的固定资产以及累计折旧，包括已经出租的和尚未出租的资产。

(10) 长期投资。这是指商业银行不准备在一年内变现的投资。它包括国家债券投资、中央银行债券投资、金融债券投资、其他债券投资、股本投资等。

(11) 投资风险准备。这是指商业银行根据国家有关规定按长期投资的期末余额的一定比例提取的风险准备。

(12) 固定资产原值。这是指商业银行在建造和购置固定资产时所支付的货币总额，注意要加上后来改建、扩建时所追加的费用。

(13) 折旧。这是指固定资产在使用过程中，随着磨损而逐渐转移到成本或费用中的那部分价值。

(14) 固定资产净值。这是指固定资产原价值扣除折旧后的余额，即折余价值。

(15) 在建工程。这是指期末各项未完工程的实际支出，及尚未使用的工程实际成本。

(16) 待处理固定资产净损失。

3. 无形资产、递延资产及其他中长期资产

（1）无形资产。这是指不具备实物形态，能在较长时间内为商业银行带来收益的特殊权利，如商誉、租赁权、土地使用权等。无形资产在收益期平均摊销，一方面直接冲减无形资产，另一方面列入成本支出。

（2）递延资产。这是指商业银行已经对与其经营有关的交易支付了费用，但其效益不仅体现在本期，还能使以后各期继续受益的资产。如尚未开销的开办费，租入固定资产的改良及大修理支出，以及摊销期限在一年以上的其他摊销费用。

（3）其他中长期资产。这是指不列作无形资产和递延资产的各种未摊费用、非常损失和杂项杂产。

（三）商业银行负债及所有者权益统计指标体系

负债是商业银行所承担的，能以货币计量，需要以资产或劳务偿付的债务，包括短期债务、长期债务。所有者权益是指投资者对商业银行净资产的所有权。净资产是商业银行资产类减去负债类的余额。

1. 流动负债

（1）活期存款。这是指商业银行接受企事业单位一年期以下的各种存款，包括工业存款、商业存款、建筑企业存款、农业存款、城镇集体企业存款、活期储蓄、财政存款、机关团体存款等等。

（2）短期储蓄存款。这是指银行接受居民个人一年期以下的各种存款。

（3）财政性存款。这是指中国人民银行委托商业银行办理的存款，必须全额划拨中国人民银行。

（4）向中央银行借款。这是指商业银行从中国人民银行借入的款项。

（5）同业存放款。这是指银行与同业资金往来中发生的同业存放于本行的款项。

（6）联行存放款。这是指银行与联行往来过程中发生的联行存放于本行的资金。

（7）拆入资金。这是指银行从其他金融企业借入的短期资金，包括同业拆入和其他金融机构拆入。

（8）应解汇款。这是指银行在办理汇款业务中，作为收款企业的开户行收到的待解付的款项以及外地采购单位或个人临时性存款。

（9）汇出汇款。这是指银行接收企事业单位或个人委托汇往外地的款项。

（10）委托存款。这是指银行接收企事业单位或个人委托进行放款或投资业务，企事业单位存入本行的款项。

（11）应付代理证券款项。这是指银行代理客户发行、兑付、买卖有价证券业务，应付给客户的款项，包括代理发行证券款项、代理对付证券款项、代售证券款项、代购证券款项。

（12）卖出回购证券款。这是指银行根据与客户的协议或合同规定，先向该客户卖出

证券，在协议到期后，再以协议的买入价从客户手中买回，从中获取卖出价与买入价的价差。

（13）应付及暂收款。包括应付工资、应付福利费、应缴税金、应付利润、预提费用等。

（14）发行短期债券。这是指银行发行的尚未偿还的各种一年以内的债券本息。

（15）一年内到期的长期负债。这是指银行在一年内将到期的各种长期负债。

2. 长期负债

（1）长期存款。这是指银行接收企事业单位的一年期以上的存款。

（2）长期储蓄存款。这是指银行接收居民个人的一年期以上的储蓄存款。

（3）存入长期保证金。这是指银行向客户收取的各种保证金。

（4）应付转租赁金。这是指金融企业进行转租业务应付给出租企业的租金。

（5）发行长期债券。这是指银行发行的尚未偿还的各种一年期以上的长期债券。

（6）长期借款。这是指银行向其他金融机构借入尚未归还的一年期以上的款项。

（7）长期应付款。这是指银行除长期借款和发行债券以外的长期应付款。

3. 各项准备

（1）坏账准备。

（2）投资风险准备。

（3）呆账准备。

（4）其他准备。

4. 所有者权益

（1）实收资本。这是指银行实际收到的投资者投入的资本总额。

（2）资本公积。这是指由投资者投入的具有资本性质的资金，包括资本溢价、股本溢价、法定财产重估增值、资本汇率折算差额等。

（3）盈余公积。这是指商业银行按照有关规定从税后利润中提取的公积金。盈余公积可用于弥补亏损，可转增资本金。

（4）未分配利润。这是指商业银行盈利尚未分配的部分，它等于可供分配的利润扣除提取的法定公积金和法定公益金以及任意公积金之后的余额。

（四）商业银行负债统计分析的内容

1. 资产业务统计分析

资产业务统计分析主要是对资产的构成比例及其变动情况所进行的分析研究。

(1) 资产构成比例分析，通过银行各种资产与资产余额的对比，分析银行各类资产的构成比例及资产运用的合理程度。

为了进一步分析各类资产的构成比例，还可就各类资产的结构做进一步的分析研究。例如，贷款资产的构成比例中可分析短期贷款与中长期贷款构成比例，工业、农业、基建、技改等贷款构成比例。

(2) 资产业务变动分析，主要分析总资产及各类资产的增长变动程度。主要指标的计算公式如下：

$$总资产增长率 = \frac{当期总资产余额}{上年同期总资产余额} - 1$$

各类资产的增长率变动程度，如短期、中长期贷款资产增长率，工业、农业、基建、技改等贷款资产增长率，其计算方法如前所述。

2. 负债业务统计分析

负债业务统计分析主要对银行负债的构成比例及其变动状况所进行的分析研究。

(1) 负债构成比例分析，主要通过银行各类负债与银行总负债的对比，分析银行各类负债构成比例的合理程度。

为了观察各类负债的构成比例，还可就各类负债的结构做进一步的分析，如就企业存款、储蓄存款分析一般性存款的构成比例；就企业存款和储蓄存款中的定期存款和活期存款的构成比例做进一步的分析等。

(2) 负债业务变动分析，主要是分析负债总量及各类负债的增长变动程度。

$$负债总量增长率 = \frac{负债总额}{上年同期负债总额} - 1$$

为了进一步分析各类负债的增长变动程度，可计算各类负债如企业存款、储蓄存款增长率，定期存款与活期存款增长率等。

四、商业银行经济效益分析

同一般企业管理的目标一样，商业银行管理的目标也是要使其所有者的财富增值达到最大化。经济效益分析是反映财富增减的重要工作。因此，商业银行经济效益分析具有重要的意义。

（一）商业银行社会经济效益指标

商业银行经营的社会经济效益，是指商业银行投入社会再生产的信贷资金与相应的社会再生产活动的有效成果之间的比例关系。现将银行经营的社会经济效益再分为宏观社会经济效益与微观社会经济效益进行分析。

1. 宏观社会经济效益指标分析

宏观社会经济效益指标用于反映商业银行投入社会的全部贷款与社会有关经济总量指标之间的比例关系，反映社会再生产过程中贷款的经济效益，是综合性的指标。由于分析目标的不同，宏观社会经济效益指标包括多个层次、多个种类。

(1) 贷款国内生产总值率。该指标是指计算年度与银行贷款相适应的国内生产总值同银行贷款总额的比例。其计算公式为：

$$贷款国内生产总值率 = 年度国内生产总值 \times \frac{全部资金贷款率}{全部贷款平均占用额}$$

式中的全部资金贷款率是指各银行机构对国内各种经济形式、经营形式的贷款单位的贷款平均余额，与贷款对象全部资金平均余额的比例。

该指标反映了每投放一元贷款在计算期内能提供多少国内生产总值。该指标数值越大，说明经济效益越好；反之，则差。

(2) 贷款国民收入率。该指标是指计算年度内与银行贷款相应的国民收入同银行贷款总额的比例。其计算公式为：

$$贷款国民收入率 = 年度国民收入 \times \frac{资金贷款率}{全部贷款平均占用额}$$

其中的资金贷款率是指银行计算年度投放于各物质生产部门的贷款的平均余额，同各物质生产部门相应的资金的平均余额的比值。

该指标反映了计算年度内每投放一元贷款能带来的国民收入。该指标越大，则说明经济效益越好。

(3) 贷款总利税率。该指标是指计算年度银行贷款总额同物质生产部门上交国家利税与企业留利总和之比。计算公式为：

$$贷款总利税率 = 年度总利税额 \times \frac{资金贷款率}{资金平均占用额}$$

式中的资金贷款率与全部贷款平均占用指标同贷款国民收入率指标中的相应指标是一致的。

该指标反映了计算年度内每投放一元贷款能带来的国家利税与企业留利之和。该指标越大，则说明经济效益越好。

2. 微观社会经济效益指标分析

微观社会经济效益指标反映了商业银行投入企业再生产过程中的贷款与企业生产成果之间的比例关系。按银行贷款内容的不同，微观社会经济效益指标可分为两类：流动资金贷款经济效益指标和固定资金贷款经济效益指标。

（1）流动资金贷款经济效益指标

流动资金贷款经济效益指标主要指银行流动资金贷款给企业带来的生产成果与流动资金贷款的比例。其主要分析指标有流动资金贷款产值率、流动资金贷款销售率、流动资金贷款利税率。

1) 流动资金贷款产值率。该指标是指计算年度内企业的总产值与商业银行提供的流动资金贷款之间的比例。其计算公式为：

$$流动资金贷款产值率 = 总产值 \times \frac{流动资金贷款率}{流动资金贷款平均余额}$$

该指标反映的是计算期内每投放一元贷款所创造的产值，反映的是企业贷款的利用情况。贷款产值率越大，表明利用贷款实现的产值越多，经济效果越好。

2) 流动资金贷款销售率。该指标是指计算年度内企业的总产值与商业银行提供的流动资金贷款之间的比例。其计算公式为：

$$流动资金贷款销售率 = 企业销售收入总额 \times \frac{资金贷款率}{款平均占用额}$$

式中的资金贷款率是指企业从银行获得的流动资金贷款与企业全部流动资金的比例。用这一比例乘以企业销售收入总额，说明银行贷款的相应劳动成果。

该指标反映了一元贷款能实现多少销售额。如果每一元贷款所实现的销售额越多，说明资金周转速度越快，企业可用较少的资金从事更大的生产经营活动，从而反映出贷款的经济效益越好；反之，则经济效益差。

贷款销售率指标也用于反映贷款的周转速度，由于贷款与企业其他流动资金混合周转运用，贷款的周转速度与企业的流动资金周转速度一致，故可用下列公式计算：

$$贷款周转天数 = \frac{企业销售收入总额}{企业流动资金平均用额}$$

3) 流动资金贷款税利率。该指标是指企业贷款额与相应的税利额对比的比例。其计算公式为：

$$流动资金贷款税利率 = 税利总额 \times \frac{流动资金代款率}{流动资金贷款平均余额}$$

它反映了计算期内每一元贷款实现的税利，比例越大，则说明其实现的税利越多，贷款效益越好。

以上三个指标均以各物质生产部门所属企业为对象进行考核统计。不同行业的企业在产值、销售额、税利上都具有不同的特点。银行在分别对这些指标进行综合分析时，有必要先按部门分别进行综合分析，再综合为全行的贷款效益指标。具体办法是采用加权算术平均的方法进行综合计算分析。

（2）固定资金贷款经济效益指标

固定资金贷款经济效益指标主要表现为：企业取得银行贷款进行基本建设形成新的固定资产交付使用后，新创造出来的生产成果与该项固定资金的比例关系。其主要分析指标有固定资金贷款新增销售收入率、固定资金贷款新增盈利率、固定资金贷款周转率等。

1）固定资金贷款新增销售收入率。该指标是指计算期内固定资产贷款项目交付使用后新增的销售额与固定资金贷款累计发放额的比例。其计算公式为：

$$固定资金贷款新增销售收入率 = \frac{新增产品销售收入}{固定资金贷款累计发放额} \times 100\%$$

该指标反映了由于固定资金贷款而带来的企业新增固定资产增加的销售能力。该指标的数值越大，则表明经济效益越好。

2）固定资金贷款新增盈利率。该指标是指固定资金发挥作用后（新增固定资产投入使用后）新增的盈利额（新增的利润和税金），与取得这一盈利额的固定资金贷款之比。其计算公式为：

$$固定资金贷款新增盈利率 = \frac{新增利润和税金}{固定资金贷款累计发放额} \times 100\%$$

该指标反映的是企业固定资金形成生产能力后新增的盈利能力。该指标数值越大，则说明贷款的经济效益越好。

3）固定资金贷款周转率。该指标是指以偿还固定资金贷款的资金来源与新增利润和新增固定资产折旧的和，与相应的固定资金贷款累计发放额的比值。其公式为：

$$固定资金贷款周转率 = \frac{新增利润 + 新增固定资产折旧}{固定资金贷款累计发放额} \times 100\%$$

该指标反映的是固定资金贷款从发放到回收的周转速度。该指标数值越大，则说明贷款的经济效益越好。

为反映各基层行固定资金贷款的总和经济效益，常以各项目效益指标的分母数值为权数，以每一贷款项目的效益指标为变量，采用加权平均法计算。

（二）银行自身经济效益指标分析

银行自身经济效益指标是指各行在经营其业务中的劳动成果与劳动消耗活劳动占用之间的比例。银行自身经济效益的分析主要是对银行经营效益、成本费用、利润的分析。

l. 经营收益分析

经营收益分析，主要是通过对商业银行经营活动过程中的经营收入增长变动及其原因的分析，正确评价银行的经营收益状况，为充分挖掘增收潜力提供决策依据。其主要分析指标有：

（1）营业收入增长率。该指标是指银行本期营业收入相比于上期营业收入的增长程度。计算公式如下：

$$营业收入增长率 = \frac{本期营业收入}{上年同期营业收入} - 1$$

（2）资产收益率。该指标是指银行营业收入与盈利资产的对比关系，反映银行盈利资产的获利能力。计算公式如下：

$$盈利资产收益率 = \frac{营业收入 \times 12}{盈利资产月平均余额 \times 报告期月份数} \times 100\%$$

（3）营业收入对资产的增长弹性系数。该指标是指银行营业收入增长与银行资产增长的对比关系。计算公式如下：

$$营业收入对资产的增长弹性系数 = \frac{营业收入增长率}{资产增长率}$$

如果营业收入对资产的增长弹性系数大于 1，则表明营业收入的增长快于资产的增长，资产的平均收益率在上升，资产的盈利性结构有所改善，盈利能力增强；反之，营业收入对资产增长的弹性系数小于 1，则表明营业收入的增长慢于资产的增长，银行存在着外延扩张倾向，资产效益潜力未充分发挥。

（4）营业收入影响因素分析。影响银行营业收入的因素是多方面的。资产是决定银行营业收入的基础，从资产的角度分析银行营业收入的增减变动，可以根据下面经济关系进行研究：

营业收入 = 资产平均余额 × 盈利资产构成比例 × 盈利资产收益率

2. 成本费用分析

在银行营业收入一定的情况下，成本费用越低，则营业利润越高。降低营业成本费用，是提高银行经营效益的主要途径。银行成本费用分析，包括银行成本费用构成变动分析、营业支出弹性分析和成本费用率分析。

(1) 成本费用构成变动分析。银行成本费用是指银行在经营过程中的各项费用支出，包括营业支出、利息支出、同业往来支出、手续费支出、营业费用支出、汇兑损失和其他营业支出等。各项成本费用支出变动都将直接影响银行成本费用的增长变动。因此，进行成本费用分析，首先要对构成银行成本费用的各个项目和变动程度进行分析，主要分析指标有：

$$营业支出增长率 = \frac{本期营业支出}{上年同期营业支出} - 1$$

$$利息支出增长率 = \frac{本期利息支出}{上年同期利息支出} - 1$$

$$同业往来支出增长率 = \frac{本期同业往来支出}{上年同期同业往来支出} - 1$$

$$手续费支出增长率 = \frac{本期手续费支出}{上年同期同业往来支出} - 1$$

$$营业费用增长率 = \frac{本期营业费用}{上年同期营业费用} - 1$$

$$汇兑损失增长率 = \frac{本期汇兑损失}{上年同期汇兑损失} - 1$$

$$其他营业支出增长率 = \frac{本期其他营业支出}{上年同期其他营业支出} - 1$$

(2) 营业支出弹性分析。成本费用构成变动分析主要是分析银行成本费用各构成项目支出的增长变动情况；营业支出弹性分析主要是分析营业支出与相关指标经济关系的增长变动的适应程度与协调发展程度，其主要分析指标是：

1) 营业支出对营业收入弹性系数。该指标是指营业支出增长率与营业收入增长率的对比关系。

$$营业支出对营业收入弹性系数 = \frac{营业支出增长率}{营业收入增长率}$$

营业支出对营业收入弹性系数大于 1，表明营业支出的增长快于营业收入的增长，营业效益相对较低；反之，如果营业支出对营业收入的弹性系数小于 1，则表明营业成本费用的比例降低，经营效益水平提高。

2) 营业支出对负债增长的弹性系数。该指标是指营业支出增长率与负债增长率的对比关系。

$$营业支出对负债增长弹性系数 = \frac{营业支出增长率}{负债增长率}$$

营业支出对负债弹性系数大于1，表明营业支出增长快于负债增长，即平均单位负债营业支出上升，效益相对降低；反之，营业支出对负债弹性系数小于1，则表明单位负债成本费用降低，效益相对提高。

（3）成本费用率分析。该指标是指成本费用与有关金融统计指标对比，分析银行成本的升降情况。其主要分析指标有：

$$银行费用率 = \frac{营业费用}{营业收入 - 银行往来收入}$$

$$银行成本率 = \frac{总成本}{营业收入}$$

式中：

总成本 = 利息支出 + 银行往来支出 + 手续费支出 + 营业费用 + 其他营业费用支出

$$存款平均利息率 = \frac{存款利息支出总额}{各项存款平均余额}$$

$$资金成本率 = \frac{总成本}{全部资金平均余额}$$

（4）营业支出的影响因素分析。影响银行营业支出的主要因素是负债总额与负债成本费用率，可以根据其经济关系，分析各因素的影响数额。

$$营业支出 = 负债平均余额 \times 负债成本费用率$$

3. 利润分析

银行经营利润分析，应在资产负债盈利分析的基础上，对银行的盈亏平衡关系、变动关系及其影响因素进行分析研究，其主要分析有：

（1）盈利平衡分析。盈利平衡分析又称量本利分析，常用于分析某项经营业务的"保本业务量"，即盈亏平衡。量是指银行的某项业务量，本是指银行的经营成本，利是指银行在经营活动中所获得的利润。其关系式为：

利润 = 资产收益总额 - 成本总额

式中：

资产收益总额 = 资产总额 × 单位资产收益额

成本总额 = 资产总额 × 单位资产变动成本额 + 固定成本

变动成本额是指随资产业务总量的变动而变化的成本，如利息支出等；固定成本是指相对稳定不变的成本，如固定资产折旧费等。

当银行利润为零时，即盈亏平衡，此时的资产规模即称为"保本业务量"。由上式可知：

$$保本业务量 = \frac{固定成本}{单位资产收益-单位资产变动成本}$$

银行经营业务必须大于保本业务量，才有可能盈利。

（2）利润增长的弹性分析。利润增长的弹性分析主要分析利润增长与资产增长、与营业收入增长的对比关系。其主要分析指标有：

$$利润对资产增长的弹性系数 = \frac{利润增长率}{资产增长率}$$

五、商业银行竞争力统计指标体系

经过改革开放以来多年的发展，我国的商业银行由以前计划经济时代的"大一统"经营状态逐步向适应市场经济的经营状态发展，各方面都有很大提高。但我国的商业银行经营基础较薄弱，发展还不够快，跟国际同行相比还存在着很大的差距。面对我国加入WTO之后大举进军国内金融市场的外资银行，面对要求统一标准、统一市场竞争的经济全球化潮流，我国商业银行所承受的压力是可想而知的。我国商业银行必须提高经营水平，增强竞争力。要提高商业银行的竞争力，首先要有科学的研究银行竞争力的理论体系。令人欣喜的是，我国商业银行竞争力研究已逐步受到大家的关注。下面将简单介绍商业银行竞争力比较的体系，然后将重点介绍统计分析在商业银行竞争力比较中的应用。

（一）商业银行竞争力比较的基本框架

商业银行竞争力比较主要是通过研究商业银行经营与影响商业银行经营的因素，揭示银行业竞争的实际结果，发现决定或影响银行竞争力的因素，预测银行未来发展趋势，从而不断改革和完善银行的经营，达到银行的可持续发展。

综合目前我国学者对银行竞争力研究的结果，我国的银行业竞争力比较的基本框架主要包括以下四个方面。

1. 对我国银行业的现实竞争力的分析

现实竞争力主要指我国银行在报告时点上的竞争力。主要包括四个内容：流动性指标、盈利性指标、资产质量指标和资本充足率指标。这些指标都是反映银行及其经营和竞争的主要指标，并且它们也构成对我国银行业现实竞争力研究的现实性指标体系。

2. 对我国银行潜在竞争力的分析

潜在竞争力代表了一个时点银行内部影响未来竞争力隐形指标集。主要分析法人治理结构、业务体系及创新、金融监管有效性等。其中，法人治理结构是银行竞争的基础，业务体系及创新是银行经营的根本，外部监管则是银行正常和稳健经营的前提。

3. 对我国银行业竞争力的环境分析

银行业竞争力的环境指的是报告期时点上外部影响未来竞争力的隐形指标集。分析主要包括宏观经济环境、金融运行态势和效应以及相关产业发展形势等。

4. 对我国银行业竞争态势的分析

竞争态势的分析代表了上述显性、隐性指标集的相关指标随时间变化的趋势。通过观察我国银行业的现实竞争力的显性指标和反映我国银行业国际竞争潜力以及环境的指标的变化趋势，可以发现我国银行业竞争力的主要因素，从而提出增强我国银行业竞争力的政策建议与作用。

（二）商业银行竞争力比较的统计分析

在商业银行竞争力比较的分析中，有很多分析运用的是定性分析方法，统计分析主要集中在对银行现实竞争力的比较中。在此，我们将着重介绍现实竞争力比较所涉及的统计分析。

作为经营货币的特殊企业，商业银行的现实竞争力主要体现在"三性"方面，即流动性、盈利性与安全性。在参考了国际上较为通用的商业银行评级方法以及国内学者的研究成果，同时考虑到我国商业银行的一些特殊情况后，我们将从流动性能力、盈利能力、资产质量和资本充足率（发展能力）这四个方面来介绍商业银行的现实竞争力比较体系。

1. 流动性能力分析

商业银行的流动性能力主要是指银行需要持有较高比例的流动性资产以保持日常的提取、结算以及法定准备金要求，保持商业银行的流动性能力。保持一定的流动性，可以避免银行出现支付风险，是银行稳健经营的前提，也是银行流动性、盈利性、安全性这"三性"中的首项。衡量银行流动性能力的指标主要有备付金比例、流动性比例、贷存款比例、中长期贷款比例、拆借资金比例等。

这些比例在后面的金融系统监管统计中有详细介绍，此处不再赘述。提醒读者注意的是，备付金比例的适度范围是 5%～7%，流动性比例的适度范围是 20%～40%，贷存款比例的适度范围是 60%～75%，中长期贷款比例的适度范围是 100%～120%，拆借资金比例中拆入资金比例不得超过 4%，拆出资金比例不得超过 8%。

2. 盈利性能力分析

商业银行的盈利性能力主要是指银行取得收入的能力。与一般企业一样，银行经营的目的也是为了取得收入或取得盈利的最大化。因此，盈利能力的比较也是银行竞争力比较的重要方面。盈利性能力的比较主要涉及以下几个指标：利息收付率、人均利润率、应付利息充足率、利润增长率、资产利润率、资本利润率、利息回收率。

(1) 利息收付率。该指标是指利息支出占利息收入之比。其计算公式为：

$$利息收付率 = \frac{利息支出}{利息收入} \times 100\%$$

该指标反映了银行利息的收支情况。使用这个指标主要是因为目前在我国银行经营中，利息收入占总收入的绝大部分，基本上可以说明银行的基本收入来源和支出。

(2) 应付利息充足率。该指标是指已提应付利息与到期应付利息总额。其计算公式为：

$$应付利息充足率 = \frac{已提应付利息}{到期应付利息总额} \times 100\%$$

该指标的适度值为 100%。

(3) 人均利润额。该指标是指税前利润与银行职工人数之比。其计算公式为：

$$人均利润额 = \frac{税前利润}{银行职工人数} \times 100\%$$

该指标反映了银行人均创利能力，其适度值是 20 000 元以上。

(4) 利润增长率。利润增长率是指本期利润与上期利润相比增长的百分比。其计算公式为：

$$利润增长率 = \frac{利润增长额}{税前利润} \times 100\%$$

该指标的适度区间为 10%～20%。

除此以外，还有资产利润率、资本利润率和利息回收率，由于在后面的金融系统监管统计中有对这三个指标的详细介绍，此处就不再赘述。提醒读者注意的是，资产利润率的适度范围是 1%～2%，资本利润率的适度范围是 15%～25%，利息回收率的适度范围是 80%～100%。

3. 资产质量指标分析

资产质量指标分析主要关系到银行经营的安全性问题。其涉及的主要指标有：逾期贷款率、呆滞贷款率、呆账贷款率、风险权重资产比例、固定资本比例、不良贷款比例、损失贷款抵补率、加权不良贷款与核心资本加准备金比例、风险资产抵补率等。

其中，逾期贷款率、呆滞贷款率、呆账贷款率、风险权重资产比例在后面的金融系统监管统计中有对这两个指标的详细介绍，此处就不再赘述。提醒读者注意的是，逾期贷款率的适度范围是＜5%，呆滞贷款率的适度范围是＜8%，呆账贷款率的适度范围是＜1%，风险权重资产比例的适度范围是＜70%。

(1) 固定资本比例。该指标是指固定资产净值与资本金的比例。其计算公式为：

$$固定资本比例 = \frac{固定资产净值}{资本金} \times 100\%$$

该指标的适度区间是≤30%。

(2) 不良贷款比例。该指标是指不良贷款余额与全部贷款余额的百分比。其计算公式为：

$$不良贷款比例 = \frac{不良贷款余额}{全部贷款余额} \times 100\%$$

该指标反映了银行贷款质量存在问题的严重程度，是判断银行贷款质量总体状况的主要指标之一。

(3) 损失贷款递补率。该指标是指贷款呆账准备金与损失贷款余额的百分比。其计算公式为：

$$损失贷款递补率 = \frac{贷款呆账准备金}{损失贷款余额} \times 100\%$$

该比例反映银行贷款呆账准备金抵补损失贷款的程度。该比例越高，银行消化这些损失的能力就越弱。

(4) 加权不良贷款与核心资本加准备金比例。该指标是指加权不良贷款与核心资本加贷款呆账准备金的百分比。其计算公式为：

$$加权不良贷款与核心资本加准备金比例 = \frac{加权不良贷款}{核心资本+准备金} \times 100\%$$

该比例反映银行可能遭受侵蚀的程度。该比例越高，银行资本遭受侵蚀的程度就越高；该比例越低，银行消化这些损失的能力就越高。

(5) 风险资产抵补率。该指标的计算公式为：

$$风险资产抵补率 = \frac{贷款呆账准备金}{逾贷款 \times 20\% + 呆滞贷款 \times 50\% + 呆账贷款 \times 30\%} \times 100\%$$

该指标的适度范围是75%～100%。

4. 资本金充足率和发展能力竞争指标

该项分析涉及的指标主要有资本金充足率、存款增长率、贷款增长率等。

（1）存款增长率。存款增长率是指本期存款比上期存款增长的百分比，其计算公式为：

$$存款增长率 = \frac{本期平均存款余额}{上期存款增长余额} \times 100\%$$

该指标主要反映了银行的资金来源和运用的主要渠道，这也是我国及发展中国家和银行其他金融资产较少的情况下，反映银行资金实力的有效指标。该指标的适度区间是 > 5%。

（2）贷款增长率。贷款增长率是指本期贷款比上期贷款增长的百分比，其计算公式为：

$$贷款增长率 = \frac{本期平均贷款余额}{上期贷款增长余额} \times 100\%$$

该指标的适度范围是 > 5%。

第五章 互联网金融统计与监测体系构建

第一节 互联网金融的发展

"互联网金融是传统金融行业与互联网技术相融合的新兴领域,目前呈现出蓬勃发展的态势。"[①]

一、互联网金融发展的现状分析

第一,物联网云计算大数据等信息技术的发展奠定了互联网金融发展的基础。近年来,国内互联网飞速发展,其网络、终端、客户群体等数量较为庞大,为互联网金融的发展起到了巨大的推动作用。《中国互联网络发展状况统计报告》显示,截至 2022 年 6 月,我国网民规模达 10.51 亿。腾讯、百度、阿里等公司的大数据服务器众多,而且数据存储能力位居国内前列。在这样的大环境下,互联网发展呈现出井喷状态,基础设施非常完备,渗透到了各个领域,尤其是在金融领域得到了迅速发展,产生了新兴产物——互联网金融。其特点就是:一是方便、快捷、高效,拥有良好的客户体验。比如,近年来,支付宝开发利用得到了广大网络消费者的喜爱,主要得益于它的支付快捷,给用户带来了前所未有的体验。这些给支付宝带来了巨大的收益。二是积累庞大的用户资源。这部分群体是消费的主体。特别是在互联网金融领域中,有很好的"羊群效应",产生巨大的效益。比如,余额宝的发展就是鲜明的例子。三是个性化特点满足用户需求。互联网金融具有操作成本低、服务快捷、精准定位用户等特点,这些都是传统金融所达不到的。

第二,互联网金融弥补了传统金融与社会融资之间的空白。从融资对象来看,相比于大企业、国有企业,中小企业、"三农"等社会群体面临融资难、融资贵的问题。从投资渠道来看,股票、债券、期权等产品受众群体大多是大额投资者,而且门槛还很高;而对于拥有闲散资金的群体来讲,面临"投资无门"的困境,找不到与自己需求相匹配的理财产品或者理财渠道,这就导致他们将资金拿在手里,或者存进银行作为储蓄存款,而收益仅仅是微薄的利息。从金融服务的领域来看,目前大多仍是较为发达的大城市,并且竞争比较大,而深入乡镇的金融机构较少,服务类型简单,理财甚至处于空白。

互联网金融则凭借自身的门槛低、成本低、服务便捷的独特优势弥补了以上这些金融服务的空白。比如,余额宝则凭借自身特点产生了普惠效益,1 元起便可投资,这种方式

[①] 李亚硕.互联网金融发展现状、问题及对策[J].商业文化,2021(34):35-36.

十分接地气。互联网金融满足了低收入群体的需求，融入了他们的生活。

二、互联网金融发展存在的问题

互联网金融发展像一把"双刃剑"，既要看到它高效便利的一面，也要看到它充满风险、技术不稳定的一面，安全性对于互联网金融发展尤为重要。

（一）互联网金融存在高风险性

互联网自身具有软硬件方面的风险，而且网络风险传播速度快、覆盖面广。比如，网络病毒的不断演化升级，对网站服务器攻击比较频繁，网络安全备受关注。目前，网络诈骗也是广泛存在、层出不穷。虚假的金融网站可以说是多得惊人。网络预防和保护性较低。互联网金融公司小而杂，防护水平低，缺少大量技术人才，大多公司没有系统的灾备。这些风险直接导致系统崩溃、信息泄露和资金亏损。

目前，互联网金融发展仍处于初级阶段，在发展过程中产生了非法吸收公众存款、违规运营、虚设标的等问题。随着信息技术的不断推进，互联网金融产生的风险交叉叠加。

（二）互联网金融存在信息泄露风险

数据是互联网金融的重要信息。而保护好这些信息对互联网金融发展至关重要。互联网金融数据涉及个人信息非常广，包括身份信息、资产、征信数据、消费数据等，在信息搜集、交易、储存等过程中都可能存在泄露风险。特别是客户个人银行卡信息、信用卡安全码等，容易被利用造成资金损失。目前，互联网金融信息保护有欠缺。从将来发展方向来说，互联网金融公司不断提高市场竞争力，会不断提高信息获取技术水平，精准掌握客户信息，这样对于互联网金融信息保护压力也会增大。

（三）互联网金融监管难度较大

与传统的金融相比，互联网金融更加具有开放性、创新性，创新产品很多，业务种类也非常多，经营区域很广。互联网金融公司可能参与各种金融业务。比如，支付宝业务种类包括支付（花呗等）、网贷（借呗等）、理财（余额宝等基金）、保险（相互宝等）等，还有芝麻信用等业务。互联网金融风险容易扩散，引发群体性恐慌，甚至造成系统性风险。这些风险会给互联网金融监管带来诸多挑战。

三、互联网金融发展的对策及建议

针对以上的问题，可以看出互联网金融是一把"双刃剑"，我们应当取其精华去其糟粕。要及时发现互联网金融发展的优势，弥补其发展的不足。要推动互联网金融的持续健康发展，不仅要尊重市场规律，不断推进创新，更要加强金融监管，坚决守住不发生系统性风险的底线。因此，需要注重问题思维，有什么问题就解决什么问题，维护良好的金融环境。

（一）重点开展中小微企业等普惠金融服务

在金融市场中，在解决中小微企业等融资贵融资难的问题上，采取了不少有利的举措，但是效果不够明显。这就需要进一步明确互联网金融对中小微企业、"三农"等群体的发展定位，为其提供政策扶持。要加强金融监管，采用负面清单监管。重点针对防范系统性风险，明确底线，科学防范，早识别、早预警、早发现、早处置，完善金融安全防线和应急处置机制，坚决打击非法集资等金融问题。为互联网金融企业提供支持，放宽不必要的限制。对中小微企业和"三农"等金融机构，给予税收优惠政策支持。

（二）重视互联网金融技术研发和人才培养

无论是传统金融还是互联网金融都受到国外的信息技术的制约。这就需要重视互联网金融技术科研开发，不断进行互联网金融创新，加大科研投入，提高加密等信息技术以提高安全防护等级，提升风控水平，为互联网金融健康发展提供技术保障。不论是互联网金融公司还是监管部门，加强对互联网金融复合型人才的培养，建议高等院校增设互联网金融类学科；同时，加强对互联网金融行业的从业人员培训，应把互联网金融列入教育培训的内容，普及互联网金融基础知识，不断探索互联网金融发展规律；吸引国内外高科技人才，推动高素质的互联网金融队伍建设。

（三）运用互联网平台推进互联网金融监管

科技是第一生产力，但是科技创新并非一蹴而就，而是会面临很多的困难。例如，路口的红绿灯监控系统很好地维护了交通秩序，而且对违章违法行为也能有效处理。互联网金融所有的业务立足网络平台，都是有迹可循的。解决互联网金融经营与监管的问题，需要明确各个部门单位的职能，形成金融监管力量。基于互联网金融企业的准入和退出，网站备案和网络接入是有效的金融监管的手段。网站备案应是金融管理部门在先，互联网行业主管备案在后。在互联网金融公司运用过程中的监管仍有空白。应当对互联网金融日常经营行为进行定期检查，如资金流量和流向的准确监测。当然，在这个过程中，可以采用第三方监管机构进行监管。对于互联网金融的事后监管，缺乏有效的处置机制。金融监管部门应当明确处置违法违规行为，提出明确的惩处依据。互联网金融主管部门负责追本溯源，寻找证据，依法对互联网金融公司取消网站备案或者禁止网络接入。

（四）健全完善制度夯实基础

非法互联网金融公司出现非法集资，最后出现跑路、暴雷等问题，实际上与自身经营不善、基础不扎实、制度不完善有关。应该对互联网金融发展的各个环节进行完善。要采用实名认证，以及更为严格的加密手段，比如推行刷脸技术、指纹识别技术等手段。规范电子合同，对互联网金融公司与客户的电子合同，要严格把关，层层审核，以客户利益至上为原则，坚决杜绝侵犯客户合法利益的条目，取缔隐性侵权条款。做好数据备份是关键。很多时候，非法集资跑路前，先对数据进行灭失、销毁，要针对这个环节进行严格备份，要通过层层审核的途径尽量保护数据。要加大对互联网金融违法违规行为的惩处。支持地方因地制宜发展互联网金融，防止盲目发展，造成资源过度浪费，影响经济社会高质量发展进程。

第二节　互联网金融的业态类型

目前，"我国互联网金融模式主要包括第三方支付、P2P网贷、互联网众筹、大数据金融、信息化金融机构与互联网金融门户六大类型。"[①] 其中前三类涉及广大互联网用户的点对点对接，是互联网金融的核心，后三类主要是传统金融机构的互联网化及利用信息技术的金融创新。依据"依法监管、适度监管、分类监管、协同监管、创新监管"的原则，科学合理地界定了互联网金融各业态的业务边界及准入条件。这里重点介绍六大互联网金融业态。

一、互联网支付

互联网支付是指通过计算机、手机等设备，依托互联网发起支付指令、转移货币资金的服务。互联网支付应始终坚持服务电子商务发展和为社会提供小额、快捷、便民小微支付服务的宗旨。银行业金融机构和第三方支付机构从事互联网支付，应遵守现行法律法规和监管规定。

第三方支付机构与其他机构开展合作的，应清晰界定各方的权利义务，建立有效的风险隔离机制和客户权益保障机制。要向客户充分披露服务信息，清晰地提示业务风险，不得夸大支付服务中介的性质和职能。互联网支付业务由中国人民银行负责监管。

二、网络借贷

网络借贷包括个体网络借贷（即P2P网络借贷）和网络小额贷款。个体网络借贷是指个体和个体之间通过互联网平台实现的直接借贷。在个体网络借贷平台上发生的直接借贷行为属于民间借贷范畴，受《中华人民共和国合同法》（以下简称《合同法》）、《中华人民共和国民法典》（以下简称《民法典》）等法律法规以及最高人民法院相关司法解释规范。个体网络借贷要坚持平台功能，为投资方和融资方提供信息交互、撮合、资信评估等中介服务。个体网络借贷机构要明确信息中介性质，主要为借贷双方的直接借贷提供信息服务，不得提供增信服务，不得非法集资。网络小额贷款是指互联网企业通过其控制的小额贷款公司，利用互联网向客户提供的小额贷款。网络小额贷款应遵守现有小额贷款公司监管规定，发挥网络贷款优势，努力降低客户融资成本。网络借贷业务由银保监会负责监管。

[①] 徐小妹.浅论互联网金融的模式与发展[J].上海商业，2022（02）：67-69.

三、股权众筹融资

股权众筹融资主要是指通过互联网形式进行公开小额股权融资的活动。股权众筹融资必须通过股权众筹融资中介机构平台（互联网网站或其他类似的电子媒介）进行。股权众筹融资中介机构可以在符合法律法规规定的前提下，对业务模式进行创新探索，发挥股权众筹融资作为多层次资本市场有机组成部分的作用，更好地服务创新创业企业。股权众筹融资方应为小微企业，应通过股权众筹融资中介机构向投资人如实披露企业的商业模式、经营管理、财务、资金使用等关键信息，不得误导或欺诈投资者。投资者应当充分了解股权众筹融资活动风险，具备相应风险承受能力，进行小额投资。股权众筹融资业务由证监会负责监管。

四、互联网基金销售

基金销售机构与其他机构通过互联网合作销售基金等理财产品的，要切实履行风险披露义务，不得通过违规承诺收益方式吸引客户；基金管理人应当采取有效措施防范资产配置中的期限错配和流动性风险；基金销售机构及其合作机构通过其他活动为投资人提供收益的，应当对收益构成、先决条件、适用情形等进行全面、真实、准确的表述和列示，不得与基金产品收益混同。第三方支付机构在开展基金互联网销售支付服务过程中，应当遵守中国人民银行、证监会关于客户备付金及基金销售结算资金的相关监管要求。第三方支付机构的客户备付金只能用于办理客户委托的支付业务，不得用于垫付基金和其他理财产品的资金赎回。互联网基金销售业务由证监会负责监管。

五、互联网保险

保险公司开展互联网保险业务，应遵循安全性、保密性和稳定性原则，加强风险管理，完善内控系统，确保交易安全、信息安全和资金安全。专业互联网保险公司应当坚持服务互联网经济活动的基本定位，提供有针对性的保险服务。保险公司应建立对所属电子商务公司等非保险类子公司的管理制度，建立必要的防火墙。保险公司通过互联网销售保险产品，不得进行不实陈述、片面或夸大宣传过往业绩、违规承诺收益或者承担损失等误导性描述。互联网保险业务由银保监会负责监管。

六、互联网信托和互联网消费金融

信托公司、消费金融公司通过互联网开展业务的，要严格遵循监管规定，加强风险管理，确保交易合法合规，并保守客户信息。信托公司通过互联网进行产品销售及开展其他信托业务的要遵守合格投资者等监管规定，审慎甄别客户身份和评估客户风险承受能力，不能将产品销售给与风险承受能力不匹配的客户；要制订完善产品文件签署制度，保证交易过程合法合规，安全规范。互联网信托业务、互联网消费金融业务由银保监会负责监管。

第三节 互联网金融的业务统计

互联网金融业务是伴随着互联网金融的产生以及新型互联网经济的需要产生和发展起来的。随着互联网技术的不断发展，互联网金融业务发生了很大的变化，互联网金融业务的种类和交易形式都有了很大的创新。当前，绝大部分互联网金融交易是为了降低资金交易成本和解决融资需求。因此，互联网金融交易已经不仅仅是简单的金融交易，而且成为当前金融市场中重要的资本流动形式。

一、互联网金融业务

随着互联网经济的不断发展以及金融创新的层出不穷，互联网金融交易业务的种类也在不断发展，主要有以下几种。

（一）P2P 网贷

P2P 网络借贷平台是 P2P 借贷与网络借贷相结合的互联网金融（ITFIN）服务网站。P2P 借贷是 peer to peer lending 的缩写，peer 是个人的意思。网络借贷指的是在借贷过程中，资料与资金、合同、手续等全部通过网络实现，它是随着互联网的发展和民间借贷的兴起而发展起来的新的金融模式，这也是未来金融服务的发展趋势。

P2P 网络借贷平台有两个产品，一个是投资理财，一个是贷款，都是在网上实现的。

（二）众筹

众筹，即大众筹资或群众筹资。众筹是指向群众募资，以支持发起的个人或组织的行为。它由发起人、跟投人、平台构成，具有低门槛、多样性、依靠大众力量、注重创意的特征，一般而言，众筹是通过网络上的平台连结起赞助者与提案者，被用来支持各种活动，包含灾害重建、民间集资、竞选活动、创业募资、艺术创作、自由软件、设计发明、科学研究以及公共专案等。

众筹需满足以下三个条件：

第一，筹资项目必须在发起人预设的时间内达到或超过目标金额才算成功。

第二，在设定天数内，达到或者超过目标金额，项目即成功，发起人可获得资金；筹资项目完成后，支持者将得到发起人预先承诺的回报，回报方式可以是实物，也可以是服务，如果项目筹资失败，那么已获资金全部退还支持者。

第三，众筹不是捐款，支持者的所有支持一定要设有相应的回报。

（三）虚拟货币

互联网上的虚拟货币有比特币（BTC）、莱特货币（LTC）等。比特币是由开源的P2P软件产生的电子货币，也有人将比特币意译为"比特金"，这种网络虚拟货币主要用于互联网金融投资，也可以作为新式货币直接用于生活中使用。

（四）在线保险

在线保险是指投保人根据线上购买的保险合同约定，向保险人支付保险费，保险人对于合同约定的可能发生的事故因其发生所造成的财产损失承担赔偿保险金责任，或者被保险人死亡、伤残、疾病或者达到合同约定的年龄、期限等条件时承担给付保险金责任的商业保险行为。

2013年11月6日，首家互联网保险公司—众安在线财产保险有限公司开业。众安保险的定位是"服务互联网"，但又不只是通过互联网销售既有的保险产品，而是通过产品创新，为互联网的经营者和参与者提供一系列整体解决方案，化解和管理互联网经济的各种风险，为互联网行业的顺畅、安全、高效运行提供保障和服务。

（五）第三方支付

第三方支付是指具备实力和信誉保障的第三方企业和国内外的各大银行签约，为买方和卖方提供信用增强。具体来讲，就是在银行的直接支付环节中增加一个中介，在通过第三方支付平台交易时，买方选购商品，将款项不直接打给卖方而是付给中介，中介通知卖家发货；买方收到商品后，通知付款，中介将款项转至卖家账户。

二、互联网金融业务的交易额统计

因为互联网金融业务种类较多，所以对于互联网金融业务的交易额统计可以针对不同的业务。

（一）P2P网贷平台交易量统计

P2P网贷平台业务是互联网金融交易中最基本的交易，也是互联网金融市场上所占比重较大的交易。因此，对该指标的统计在一定程度上能够反映互联网金融市场交易的活跃程度和规模。在进行统计时，P2P网贷平台交易量可以按照网贷指数编制细则加以统计。网贷指数编制细则如下。

l. 成分平台选择

网贷指数成分平台由20家网贷平台组成。成分平台选择根据影响力大、代表性强、多样化、持续稳定的原则，按下列方法选取和调整：

（1）入围标准。①非政策风险较大的平台；②平台一年内无重大违法违规事件及严重诚信问题的；③选样期发展指数评级排名前 40 的平台；④经专家委员会认定不宜作为成分平台的除外。

（2）选样方法。成分平台样本选样指标为一段时期（一般为制订及调整期同季度月份）贷款余额和成交量。①根据各省份的贷款余额和成交量得出各省成分平台数；②根据入围平台贷款余额和成交量，将各平台按照所在省份从高到低排序；③依据各省成分平台数选取平台，同等级占比下遵循多样化原则选择样本平台；④专家委员会对样本平台投票，通过投票的 20 家平台最终构成网贷指数的成分平台。

（3）定期调整方法。成分平台的定期调整于每年 3 月、6 月、9 月和 12 月进行，通常在当月中旬公布调整方案，公布日起即开始实施，并不定期给予调整。①成分平台定期调整方法同选样方法；②后续根据成分平台变动情况适当设置调整缓冲区。

2. 网贷指数修正

（1）调整成分平台的情况：①成分平台定期调整；②成分平台倒闭和提现困难的，从事发之日起，将相应成分平台从指数计算中剔除；③其他由于非交易因素导致成分平台需要调整的情况。

（2）修正公式：当成分平台变更时，采用追溯调整法对指数进行修正。对网贷平台业务量统计，可以从成交指数、利率指数和人气指数三个方面来阐述。这三个指标可以在较大程度上反映 P2P 网贷市场的规模，对成交量指数的变动情况加以分析，揭示 P2P 网贷变化的趋势。这也正是对 P2P 网贷交易统计的任务之一。

（二）众筹平台交易量统计

随着互联网技术的不断发展，众筹融资作为互联网金融中的新型业务得到迅速发展。因此，对众筹平台交易量的统计有利于提高众筹平台管理水平，及时监控众筹平台发展状况，减少经营风险。

1. 股权型众筹平台

股权型众筹平台是面向科技型小微企业，以众筹模式提供天使阶段股权融资的网络众筹平台。对于股权型众筹平台，可以从成功项目数、成功项目融资额和成功项目投资人数对股权型众筹平台进行统计。

2. 权益型众筹平台

权益型众筹指的是奖励类众筹，也就是商品众筹，是指投资者为公司提供资金，从而获得产品与服务。针对权益性众筹平台交易量的统计，将从成功项目数、成功项目融资额和成功项目支持人数三个方面进行统计。

（三）第三方支付交易量统计

随着互联网的迅速发展，第三方支付机构的支付业务也得到了迅猛发展，在第三方支付业务发展浪潮中，以支付宝和微信支付的发展最为迅速，所占市场份额最大。伴随我国电子商务环境的不断优化、支付场景的不断丰富，以及金融创新的活跃，第三方支付的市场规模还将会进一步扩大。

依托于互联网市场经济逐渐成熟以及移动互联时代崛起的大背景，第三方支付的市场规模正快速扩张，各支付平台特有的简单、快捷、安全的支付特点使其越来越受到用户的欢迎，其增长速度也不禁令人感叹。

第四节 互联网金融统计监测体系构建

在互联网金融蓬勃发展的今天，依然存在着政府监管缺位、行业自律不足等问题，这些问题将制约着互联网金融的健康发展。因此，构建合理的互联网金融监管体系显得尤为重要。

一、政府监管体系的构建

由于互联网技术的飞速发展，互联网金融也处在不断的创新发展中，因此政府监管的基本原则应该将适度监管与创新监管相结合，不同发展阶段采用不同的监管措施。

（一）明确监管主体

互联网金融根据其业务性质，主要分为支付结算类、融资类和投资理财保险类三种，其中支付结算类以第三方支付为代表，融资类以P2P平台和众筹融资为代表，投资理财保险类则以互联网金融平台和互联网基金为代表。建议将融资类和投资理财保险类明确不同的监管主体，融资类由国家金融监管机构对其进行监管；投资理财保险类可以纳入已有的金融监管体制进行监管。

（二）设定业务范围实施分类监管

针对不同类型的互联网金融业务形态，监管部门应设定各自的业务范围。如支付结算类业务，要建立统一的反洗钱内部控制制度，实时监测，防止非法洗钱的发生；对于融资类和投资理财保险类业务，应要求其不能进行非法集资和非法吸收公众存款，不设立自由资金池等。另外，对于不同类型的互联网金融业务形态实施分类监管，对于市场规模较大、发展相对成熟的业务模式，如P2P网贷，应进行重点监管；对于处于发展初期的互联网金融业务，如众筹融资，可以先设立法律底线，再鼓励其继续创新发展。

（三）提出风险防范的措施和监控要求

消费者在利用互联网金融处理相关业务时，如果发生业务纠纷，消费者利益将受到损失，举证也相当困难，因此在风险防范方面应提出具体的防控措施和监管要求，对互联网金融企业提供的产品和服务信息应充分披露，让消费者清楚每项产品的潜在风险，合理消费；对客户资料和交易信息要严格保密，以免泄露信息，并制定互联网金融行业普遍适用和共同遵守的行为准则。

（四）加强对互联网金融消费者的教育和保护

目前，我国的网民数量巨大，庞大的互联网金融消费者是推动互联网金融发展的主要力量，因此需尽快明确消费者的权利和义务，受保护的范围等。此外，还应对广大互联网金融消费者进行教育，使之认清互联网金融业务与传统金融业务的区别，正确理解各种类型的互联网金融模式及其本质特征，熟悉互联网金融产品和业务的主要性质和潜在风险，提升风险防范意识，维护互联网金融消费者的合法权益，推动互联网金融健康有序发展。

二、行业自律体系的构建

在互联网金融监管过程中，行业自律组织起着越来越重要的作用，与政府监管相比，行业协会的专业性更强，监管方式也更加灵活，更贴近行业发展的实际，因而能有效担当起监管的职责。互联网金融行业自律组织的主要职能包括：设立行业准入门槛，建立和完善行业征信体系，防范技术风险，完善市场退出机制等。

（一）设立行业准入门槛

目前，行业内的互联网金融平台良莠不齐，处于"无准入门槛、无行业标准、无监管机构"的"三无"状态下，其中，低门槛导致的资金安全无法得到保障、坏账问题频发是阻碍互联网金融行业健康发展的主要原因。因此，行业协会应加快制订整个互联网金融行业的准入制度，规定互联网金融公司应具备何种条件才能开业，并对已开业的互联网金融企业进行实时监管。

（二）建立征信体系

目前，个人信用报告还仅限于传统金融领域，互联网金融领域尚未建立完整的征信体系。因此，互联网金融协会应为会员单位提供征信业务服务，如通过接入央行征信系统，建立完善的互联网金融行业数据库。这样，不仅可以降低交易成本，而且可以减少信息不对称带来的业务风险。

（三）从技术角度提高互联网金融的安全性

由于互联网系统本身存在的安全缺陷导致互联网金融业务存在一定的安全风险。如客户信息，尤其是交易信息被网络黑客盗取会造成客户损失；另外，由于操作人员的误操作也会带来技术风险。因此，互联网金融企业需定期对交易平台进行系统维护，防范来自内、外网的恶意攻击，通过安全认证和加密等手段，防止客户信息被盗取、客户资金被盗用等安全性问题发生，还应当加强对内部人员的操作培训，防止误操作造成的不必要的损失。

（四）健全市场退出机制

目前，互联网金融企业存在良莠不齐现象。因此，应建立市场退出机制，通过优胜劣汰促进互联网金融行业的健康发展，退出机制是否合理关系到资金出借方和借入方的利益能否得到保护，保护出借方的利益在互联网金融平台市场退出过程中至关重要，清算组织应当事先发出公告，提醒互联网金融平台存在风险，并给予出借方一定的资金回收时间，若在规定时间内出借方仍无法收回借款，应要求退出的互联网金融企业先行垫付。另外，不同类型的互联网金融业务应设定不同的市场退出机制，最大限度地保护出借方的利益。

三、从互联网金融产品的属性出发构建监管体系

互联网金融面临的风险主要包括两个方面：一是传统金融所面临的金融风险，如收益风险、违约风险等；二是互联网金融产品所特有的风险，如信息安全风险、互联网技术风险等。因此，应该将互联网金融产品作为传统金融的一部分进行监管，同时应该针对互联网平台所带来的风险进行额外监管。

通过上述分析，可以采用新的思路对互联网金融进行监管，即通过分析互联网金融产品的金融属性和互联网属性来构建监管体系。采用这一研究方法的优势在于：①互联网金融产品的金融属性意味着将面临何种金融风险和监管主体，如余额宝的金融属性是货币基金，它必然面临着基金所经受的一切金融风险；②互联网金融产品的互联网属性意味着该产品面临何种独特风险，从而有针对性地建立监管标准。因此，从互联网金融产品的属性出发构建监管体系，为未来的互联网金融监管提供了新思路。

（一）审慎监管

审慎监管包括宏观审慎监管和微观审慎监管两种，审慎监管是从资本充足率、风险管理和内部控制等方面出发保障金融系统的稳定，它的思想核心来源于1997年巴塞尔委员会制定的《银行业有效监管核心原则》，在互联网金融领域建立审慎监管标准有助于互联网金融体系的安全和稳定，这些标准包括：设立准入门槛、信息披露要求、风险管理体制等。

（二）功能监管

功能监管是根据金融产品的功能来设计相应的监管权限，互联网金融产品多为混业经营，产品市场呈现综合化发展的趋势，例如支付宝除了具有在线支付功能之外，还具备转账汇款、小额放贷、生活缴费、网络理财等功能，现有的金融监管体系已经无法满足互联

网金融产品的监管需求，采用功能监管是大势所趋，同类金融业务由同一个监管机构来监管，功能监管的优势表现在：①使用功能监管可以充分利用监管资源和监管优势；②同类金融业务采用相同的监管标准；③通过分析互联网金融产品的金融属性有助于找到对应的传统金融功能，从而确定其监管主体，实现无缝监管。

（三）从主体监管向行为监管转变

互联网金融监管需要处理好主体与行为监管之间的关系，主体监管主要关注的是市场准入方面的监管，而行为监管则侧重对持续经营方面的监管，另外，行为监管也是对金融消费者的权益保护，监管机构通过制定法律法规，并定期组织现场检查、评估、披露和处置，在现有监管体系不健全的情况下，行为监管显得尤为重要。互联网金融的参与主体来自不同领域且十分多元化，另外，互联网金融业务也呈现出多元化发展的趋势，对监管的有效性提出了极大挑战。因此，未来互联网金融的监管将从主体监管向行为监管转变，这样可以促进市场参与主体的平等竞争，促使市场更加开放和有效。当然，以行为监管为主并不意味着放弃主体监管，两类监管应相辅相成，协调发展。

第六章　大数据环境下金融统计的创新发展

第一节　大数据与新金融

一、大数据的界定及其核心

在互联网技术的强大支撑下，数据在金融领域的重要性日益凸显。掌握数据资源，挖掘数据价值，成为企业关注的焦点，也是企业赢利的需要。在新的发展环境下，了解并科学运用大数据，已成为包括金融业在内的各行各业制胜的关键。

（一）大数据的界定

1. 大数据的内涵

大数据的概念较为抽象，"数据"是从广义层面上而言的，囊括结构化数据和非结构化数据。大数据中的"大"既形容数据量多，又形容数据产生和变化的速度非常快。大数据的内涵主要体现在数据类型、技术方法和分析应用三个方面。

（1）数据类型方面。在数据类型上，无论是结构化与半结构化的交易数据，还是大规模的非结构化数据，都可纳入大数据的范畴。换言之，大数据就是涵盖各类数据的数据集，如社交平台运营中产生的数据，金融交易过程中生成的数据。

（2）技术方法方面。大数据技术的关键在于，从繁杂的数据中提取所需信息，并实现对数据价值的利用。大数据有其自身的生命周期，总体上看，大数据处理技术体现在存储、挖掘、分析三大方面。其中，大数据挖掘主要采用的是分布式挖掘和云计算技术。

（3）分析应用方面。大数据分析应用的关键在于，借助一定的技术手段对数据集合做出分析，从中提取有价值的信息。在实践中，数理统计法的应用已经成熟。数据分析往往要依靠计算机和人工共同完成，其中，计算机是实施自动化分析的有效工具，人工则在数据选择与参数设立上起到关键性作用。

2. 大数据的价值

大数据最大的价值是能够通过挖掘数据之间的相关性，把模糊的、隐含的、时滞性的问题，以可视化的、明确的、预演的方式展现出来，以便于决策和管理单元采取措施，改变所暴露的问题。这和传统的数据分析有着明显的不同，以往的数据分析或商业智能，更多的是面向过去已经发生的，而大数据面向未来即将发生的。对金融行业来说，大数据具有以下七个方面的价值。

(1) 销售机会增多。对于金融企业而言，可根据获取的交易数据，以及了解用户的个人资料、浏览行为等各种数据，科学把握消费者的意向，进而有针对性地进行产品生产、改进和营销。例如，百度通过分析客户的搜索历史有针对性地进行广告推送，阿里根据天猫用户特征包下生产线定制产品，这些都是基于互联网用户行为而进行的精准营销。

(2) 客户服务改善。大数据的应用可以有效地改善客户服务。大数据不仅可以分析量化数据，还可以进行文本、语音分析。在客户体验方面，通过对交易数据、多渠道交互数据、社交媒体数据等的全面分析，帮助企业真正了解客户需求，并预测客户未来行为，从而为客户提供更好的服务。在客户情感分析方面，通过对客服中心、社交媒体等数据的文本分析、语音分析，洞察客户情绪变化，分析客户的兴趣点、异常行为、意见、态度等，指导相关部门制订销售策略、市场策略等，并优化改进客户服务。

(3) 客户流失预警。开发新客户往往比留住老客户要付出更高的成本。大数据技术的应用可以预警客户流失，减少客户流失率。大数据技术是科学分析客户行为的有力支撑，有助于把握导致客户流失的因素，如客户对产品不满意、对服务不满意等，以便企业及时采取策略，进行积极有效的改进。通过研究发现，客户在放弃某一产品之前，或者会密切关注其他类似产品，或者已经产生了购买相关产品的行为，大数据技术恰恰为掌握这些情况提供了可能。

(4) 金融产品创新。大数据应用为金融行业突破传统金融产品带来了革新。例如，金融贷款产品正在从抵押贷款向无抵押贷款演变，通过大数据应用建立信用评估机制，极大地提高了信用风险评级的及时性和准确性，抵押贷款模式正在逐步被信用贷款模式取代。

(5) 运营效率提升。借助大数据分析和预测模型，能实现对客户消费模式和购买需求的分析，针对其个性需要展开精准营销，大大提升销售运营效率。在业务流程方面，通过大数据在存储和处理方面的优势，各种数据可被直接推送到需要这些信息的岗位，信息传递的中间环节被压缩，业务流程得到简化，从而带来巨大的效率提升空间。在资金需求预测方面，可以借助大数据构建资金需求预测模型，实现对资金需求的有效预算，帮助金融企业提高周转效率。

(6) 商业模式创新。互联网和大数据技术在金融领域的渗透与应用，有力推动了传统金融的变革，对传统金融的发展带来了巨大挑战，颠覆了信息不对称的原有格局。例如，在网络贷款业务中，可通过分析贷款者的相关行为数据得出违约率的大小，据此确定是否提供贷款及贷款额度。保险业务的发展亦是如此，可在分析保险主体相关行为数据的基础上做出差别定价，如通过对人体的心率、体重、血脂、血糖、运动量、睡眠量等数据分析，预测客户的健康指数，帮助人身保险公司提高客户识别率，以此制订个性化的费率和承保方案。

(7) 风险管控加强。由于金融的本质是对风险的控制和管理，这一特点决定了金融机构对风险管控方面的重视程度远远高于其他行业。风险管控是金融企业运营中的重要组成部分。风险发现得越早，挽回损失的概率越大。大数据的运用将有助于金融企业大大提升风险管控能力，通过对最底层交易数据的全面甄别与分析，使企业能够提高风险透明度，实现事前预警、事中控制。例如，大数据可以帮助银行建立动态的、可靠的信用系统，识别高风险客户及各种交易风险，进而有效地进行防范和控制。

金融行业的业务范围是由客户、交易、资金、场所共同组成的联合体，任何一个要素的变化，都有可能带来意想不到的价值。

（二）大数据的核心——整理、分析、预测、控制

从根本上而言，大数据应用的关键并不在于所掌握的数据量，而在于所掌握的数据能发挥多大的价值。如果仅仅将大规模的数据存放起来，那么，它就不具备价值。因此，大数据的价值就体现在它的应用上。数据收集和存储的行为必然与其实际应用密切关联，如果数据不能在应用上发挥自身价值，大数据的整理、分析等行为就会徒劳无功。

1. 整理

大数据的整理通常要获得两种成效：①将梳理好的数据存放到特定地方；②为数据检索和调取提供便利。对于同样的数据，如果采用的整理方法相异，其成效也会有所区别。

在数据整理上，美国国会图书馆就是典型例子。在国会图书馆的发展历程中，曾经存在这样的问题：信息量疯狂增长，存储文件极多，删除这些信息显然会破坏整个图书馆的运营秩序，因而找到整理这些数据的方法就极为迫切。面对这一问题，技术团队经过艰辛探索才能制订出检索方案，以保证用户便捷地获取信息。在网络工具广泛应用的浪潮下，人们都趋向于用电子阅读来替代纸质书。

进入21世纪以来，美国国会图书馆开始实施整理归档工作，由于当时并未运用社交网络，数据增长偏慢，整理工作易于推进。但随着推特网站的应用，数据量疯狂增长，导致归档工作面临巨大挑战。如果仍然沿用传统的以磁带为载体的存储方式，信息查询耗时较多。国会图书馆的工作人员认为，要完成巨量数据的整理工作就是天方夜谭。若无法顺利完成归档工作，则会产生两大问题：一方面，图书馆必须承担起保管数据的职责，不可随意删除，数据管理难度极大；另一方面，用户在需要某些信息时无法便捷获取，影响其查阅需求，用户体验变差。

影响推特信息整理的因素主要有两个：①数据规模过大；②新数据不断生成并大量累积。犹如微博，时时刻刻都会产生大量数据信息，同时信息种类日趋多元化，经常使用微博的人对此一清二楚。传统方法在新的数据更新特性面前，面临失效的风险。

经过积极探索仍然未能找到适宜的数据整理方法，后来大数据工程师的介入有效解决了这一难题。大数据工程师在了解图书馆实际情况的基础上，提供了切实可行的方案，即采用分类处理的方式。在其技术支持下，图书馆的旧数据和新信息得到有效整合，数据库

的及时更新得以实现，用户检索更加便捷。

2.分析

面对规模大、成分复杂、来源多样的数据，如何快速做出科学分析是大数据应用中的重大问题，这是实现数据价值利用的必要前提。

数据分析是大数据应用的关键环节。现阶段，以下几个问题备受关注：如何进行数据预处理？如何保证用户便捷查询信息？如何借助数据挖掘与分析技术来综合把握完整的大数据内容？面对规模庞大的数据，传统的分析方法显然会使人力不从心。

但值得注意的是，数据无法取代人的思考，因而要深入把握数据信息的真实价值，以摆脱对数据的依赖，实现对数据的高效利用，让数据为人所服务。从本质上看，大数据分析过程就是挖掘数据内在价值的过程，获取有用信息，把握数据的真实价值，是科学决策的基础。

无论拥有多么先进的大数据分析技术，在数据分析之前必须把握数据的真正含义。如果你对于数据是陌生的，那么作为决策者来说，你对于自己的事业就是十分危险的。目前，很多产品经理往往在并未充分认识数据真正含义的情况下，对产品设计做出调整，一些高层管理者也容易仅仅依照数字逻辑做出判断，这都可能会造成适得其反的结果。

3.预测

基于大数据技术的应用，数据整理和分析已成为现实，同时对于数据内在价值的把握有效提高了决策的科学化水平。强化数据的预测功能可以协助企业管理者科学决策，辅助政府管理。无论是企业决策还是政府管理，都不能一味地依靠直觉与经验，最明智的做法就是将经验与数据结合起来。

IBM公司开发了结合天气和电力预测的智能系统，该系统利用了大数据分析与天气建模技术，是世界领先的能源电力解决方案，对于强化可再生能源的可预测性做出了巨大贡献。这项技术借助天气建模能力、先进的云成像技术和天空摄像头，接近实时地去跟踪云的移动，而且可用于监测风速、温度及方向。借助大数据的预测功能，可为风电企业提供天气预测情况，从而达到减少碳排放量、提高能源产量的目的。

这种预测能力能促进生产模式的升级，可应用到天然气、煤炭等诸多行业。不仅在实体产业，而且非制造业的服务产业对于大数据预测的需求也明显提高，有着更广阔的市场。

4.控制

基于大数据的整理和分析，它将赋予人们强大的洞察力，体现不可比拟的控制功用。这种控制性一方面能让人获取各种信息，另一方面有助于保证自己不受威胁，维护企业信息安全。

大数据应用已具有一定的广泛性。社交领域、舆情分析等方面的大数据挖掘和应用，对于资讯管理、了解民意作用突出。谁具备较高的大数据分析与应用能力，谁就能表现出更大的控制力。

要具备强大的控制力，就必须懂得管理杂乱、多样的非结构化数据，管理能力强，则能通过数据整理与分析获取有价值的信息，进而为企业决策与政府管理提供依据，促使一切创新行为都有数据支撑。进入大数据时代，一些公司已经开始从各个渠道挖掘数据，并引进大数据工程师，建立数据中心。同时，仍然有很多企业并未认识到数据的价值，或是认同数据的价值但仍徘徊在门外。对大数据的应用程度，在很大程度上影响着企业的发展程度，越是掌握有效信息的公司，越具备强大的洞察力，其决策也会更具科学性和预见性。

在大数据发展中，大数据的有效控制关键在于"日志管理"，即从各个渠道挖掘各种数据，保证数据的全面性，然后在数据整合的基础上建成索引库，注意突出检索界面的便捷性。要想提高数据利用率，就应使数据关联化和规范化，具备报告、反馈与防卫入侵的能力。无论是电商网站还是企业官网，都高度重视这一点。然而，现阶段仍然有很多公司并未使用"日志管理"，而只是借助电脑系统原有的普通日志实施数据管理，或是利用电子表格来完成。也有受访者表示，他们根本没有对日志（数据）进行管理。国内对大数据核心的认识和应用仍处于探索与尝试阶段，深化人们对大数据的认识，促进"日志管理"方案的推广，是不容忽视的重大问题。

二、大数据引发金融业变革

在互联网应用环境下，以网络信息平台为主要竞争领域的金融机构，正逐步迈入"数据为王"的大数据时代。在这一时代，企业竞争力的强弱将不仅仅取决于服务产品的优劣，还取决于对大数据的攫取、分析和处理能力。可以说，谁占有了数据，谁就能在市场竞争中获胜。基于大数据的应用，各行各业都进入了新的发展机遇期，也必然要面临新的挑战。与其他行业相比，金融业在大数据应用方面拥有先天的优势：一方面，作为现代国民经济发展中轴和动力的金融行业，拥有大量高价值密度的数据资料，如客户身份、资产负债情况、资金收付交易等信息，对这些数据进行挖掘、分析、处理，会产生巨大的商业价值；另一方面，作为现代经济运行中"管钱"的行业，金融业的发展前景也比较好，能够吸引大量的深谙大数据技术应用的高端人才。经过多年的积累发展，再加上"互联网+"时代下技术和平台的推动，我国的金融行业可以说已经初步迈入了大数据时代。

（一）大数据应用背景下金融业的发展机遇

互联网技术和大数据技术必然会给不断向互联网转型的金融业带来新的发展机遇。

1. 大数据推动金融机构的战略转型

随着社会经济的发展，"金融非中心化"的特色日益凸显，商业银行等金融机构作为主要金融中介的地位正在下降。主要表现为核心负债流失、盈利空间不断收缩，以往的业务定位已经无法满足"互联网+"时代的市场需要。

不管是新的客户需求，还是企业的竞争需要，都要求金融机构进行业务上的调整和创新。大数据技术的成熟，让金融机构的深化转型和创新成为可能。金融机构可以利用其天然的高价值密度数据信息，挖掘客户潜在的消费需求，从而准确定位市场需求和资源配置，推动业务的转型创新。

2. 大数据技术能够降低金融机构的管理和运行成本

利用大数据技术，金融机构可以增强自身的洞察力和决策力，找到内部的管理运营缺陷，并优化机构运作流程，从而降低管理和运行成本。同时，充分掌握有价值的数据，并做出科学的数据分析，对于把握客户行为意向具有重大的指导作用，有助于提高营销活动的针对性，节约时间，降低运行成本。

3. 大数据技术有助于降低信息不对称性，增强风险控制能力

以往金融机构对客户信息的获取，主要来源于客户本身提供的财务报表等。这种信息流通的不对称性，使金融机构在对客户进行信用评定时承担了很多不确定的风险。在大数据技术的强有力支撑下，金融机构能更全面地掌握客户信息，并对客户的交易数据做出分析，降低交易风险，提高自身的风控水平。

（二）大数据应用背景下金融业面临的挑战

当然，任何变革和转型都不会是一帆风顺的，机遇往往与挑战并存。在金融领域内，要真正掌握大数据优势，就必然要推进金融机构的转型发展，科学分析发展中存在的问题，并采取各种手段积极应对挑战，变不利为有利，改善金融机构的发展环境。

1. 大数据技术应用可能导致金融业竞争版图的重构

国家政策的转变、市场的开放化，以及互联网技术和平台的发展普及，一方面降低了金融行业的准入标准，使越来越多的市场主体参与进来；另一方面更多的非金融机构，特别是大型互联网企业，开始越来越多地介入金融领域中。这些大型互联网企业（如阿里、腾讯等）往往能够利用自身的技术和平台优势，在金融服务市场中站稳脚跟，甚至抢占原有金融机构的"蛋糕"。

因此，大数据技术的应用，既为金融机构的腾飞带来了契机，也对原有的竞争市场造成了冲击。如果传统的金融机构不能突破固有的组织架构、业务流程和管理模式，不能利用自身的大数据优势进行相应的变革和转型，那么，其很可能会被新的市场淘汰。

2. 大数据的基础设施和安全管理亟待加强

大数据时代，金融机构的数据分析已经不再仅仅局限于财务报表等结构性数据，而是

更多地涉及影像、图片、音频等非结构化数据。这一变化对金融机构在软硬件基础设施升级和安全管理等方面，提出了更高的要求。

如今，金融大数据安全问题已经成为金融业大数据转型不容忽视的议题。近年来，国内金融机构也一直致力于对金融数据的保护。但是，业务链的延伸、云计算的普及、系统复杂度的提高等因素，都进一步增加了大数据的风险隐患。金融企业在借助大数据的便利之时，也不得不承担由此带来的风险。

3. 大数据的技术选择存在决策风险

从当前国内整体发展来看，我国大数据技术和平台的建构还处于摸索阶段。不论是技术层面，还是法规制度建设方面，都有待发展完善。例如，金融业传统的事务型数据库主要用来对结构化数据进行分析，缺乏对非结构化数据的处理能力。然而，大数据时代的数据信息越来越偏重于图片、影像等非结构化数据，因此需要建构出成熟的分析型数据库，这样才能够充分利用大数据技术的优势。

对金融机构来说，需要准确把握和定位大数据发展的整体趋势，选择最合适的时机进行大数据技术的升级转型，既不超前也不保守滞后。只有这样，才能最大限度地避免因决策不当对企业发展造成的负面影响。

（三）"大数据+大金融"的应用向深入推进

虽然金融业的大数据技术应用只是初现端倪，但其发展前景和影响不容忽视。在战略发展规划层面，金融机构的高层管理者需要准确把握当前大数据技术的整体发展态势，在综合考虑资本、网点、人员、客户等传统要素的前提下，及时搭乘大数据时代的顺风车，加强对互联网、移动通信、电子信息平台等相关方面的研发，以便更好地挖掘、分析、利用自身的大数据优势。

同时，金融企业也要在自身的发展和服务中推动思维、流程、方式方法等方面的转变，一方面以大数据的理念和思维推动决策从"经验依赖"型向"数据依靠"型转化；另一方面通过对大数据技术及互联网、信息平台等方面的投入，实现以渠道整合、信息网络化、数据挖掘等为基础的金融服务产品的开发、创新。"大数据+大金融"的应用，有以下几大要素。

1. 推进金融服务与社交网络的融合

"互联网+"时代，关注的就是效益。金融机构要想利用大数据技术实现自我变革，首先需要转变传统的发展思维，充分利用互联网、社交新媒体等平台吸引消费者的关注，并积极与客户交流沟通，以此获取和挖掘更多的市场需求和客户数据。简单来说，就是金融服务要社交化，融入社交网络，以便满足更加多元化和个性化的服务需要。要做到这一点，可以从以下几个方面入手。

第一，通过新的社交网络平台，与客户积极深入地交流沟通，并提高企业的知名度和美誉度，打造出具有核心品牌优势的服务产品。

第二，网络平台的发展，使人们的互动超越了时空限制，可以随时随地进行线上交流沟通。金融企业要充分利用微信、微博、论坛等网络新媒介，拓展客服渠道，让客户体验到更加多元化的服务。

第三，大数据技术的重要特点是，可以实现对数据背后信息的深度挖掘和分析。金融企业不仅要关注自身内部数据，还要充分重视互联网的社交数据，挖掘出更加完整的市场需求信息，以便精确定位和维护客户关系。

第四，利用大数据技术挖掘、分析社交网络和移动数据等背后的消费信息，有针对性地进行产品创新和高效营销。

第五，随时关注社交新媒体的舆论动态，采取多种措施避免风险事件的发生，积极维护自身的良好口碑。

2. 处理好与数据服务商的竞争合作关系

在"数据为王"的"互联网+"时代，谁拥有数据，谁就占有市场和利润。但我们清楚地知道，金融机构位于支付链条的末端，在数据信息的获取上并不具备优势。面对这一问题，金融企业可采取以下两种方式拉近与电商平台的距离，以获得所需的数据信息资源：

第一，自办电商，搭建数据平台，将数据掌握在自己手中。但是，金融机构不是专业电商企业，自建数据平台时往往会面临各种问题，操作起来比较困难。

第二，与数据服务商进行战略合作，共享数据信息，实现双赢。金融企业往往有着高价值密度的数据资源，这是任何机构都渴望获得的。电商、社交网络等平台也有着金融机构无法比拟的海量数据信息，这些数据也是金融企业希望能够拥有的资源。这种双向需求为他们的分工合作提供了基础和前提。

3. 增强大数据的核心处理能力

海量数据的占有只是大数据应用的前提，更重要的是要拥有对数据挖掘、分析、整合、处理的技术和能力。

(1) 强化大数据的整合能力。大数据不仅包括金融企业自身的数据信息，也涵盖了金融活动链条上的其他外部数据。问题是，当前不同行业和渠道的数据还没有统一、规范的标准和格式，这就大大增加了对大数据的利用难度。因此，金融机构要不断创新研发出具有强大整合能力的技术，以便能够对不同来源的数据信息进行提取、转化，最终整合出自身发展所需要的完整的客户视图。

(2) 数据挖掘与分析能力。将以往的"事务型数据库"重构为"分析型数据库"，以应对大数据时代大量非结构化数据的涌现，增强自身的数据挖掘和分析能力。

(3) 大数据分析结论的解读和应用能力。利用金融业的行业优势，吸引更多的精英人才，打造出兼具金融服务业务能力和大数据挖掘解读能力的复合型团队，以便更精确地实现对大数据信息的解读和应用。

4. 加大金融创新力度，设立大数据实验室

对大数据技术的应用不仅涉及数据的收集、分析、处理，还涉及金融机构的业务流程、产品创新、管理模式甚至思维方式等的一系列变革。因此，金融企业需要设立专门的大数据实验室，对业务方案和流程、产品创新和营销、管理体制和收益风险等内容提前进行试验，以便优化不足之处，实现以大数据为支撑的创新、转型。

具体来说，要在方法上突破以往的 FICO 财务信用评价模式，更多地依靠云计算等针对海量数据的分析工具，研发出具有自我更新能力的多维度分析模型，以应对互联网数据的非结构化趋势。例如，可以对大量数据进行分布式处理的软件框架 Hadoop 及 Hive（基于 Hadoop 的数据仓库工具）就是目前市场上具有较强数据整合分析能力的新技术，能够有效开发出大数据的市场价值。

5. 加强风险管控，确保大数据安全

大数据的应用，除了技术方面的难题之外，还有安全方面的挑战，即如何在日益开放的"互联网+"时代确保大数据的安全性。如果金融机构不能有效处理数据安全问题，那么，大数据就不是"大机遇"，而是"大风险"。

"互联网+"时代，数据安全问题出现了更多的不确定性和不可控性，这要求金融企业必须加强与相关机构的合作，创新数据安全管理系统，尽可能预判风险。同时，建立风险补救机制，以便在数据风险发生时及时采取行动，降低风险的破坏程度。

第一，"互联网+"时代，大数据安全性问题是所有行业都要面对的难题。因此，金融机构应该积极与大数据链条中的其他机构合作，加强自我监督，进行技术共享，以便共同改善数据安全管理机制，推动数据安全标准。

第二，金融企业应主动与相关的监管机构合作，积极研发新的数据安全技术，提升自身的大数据安全水准。

第三，加强与客户在数据安全方面的交流沟通，培养客户的数据安全意识也是必要的。

总之，大数据的安全管理不是单靠一方之力就能解决的，而是需要各方（企业、监管机构、客户）的协同努力，才能形成大数据风险管理的合力效应。

（四）大数据应用背景下金融业变革的具体体现

1. 电子商务平台和电子银行的发展

2012 年开始，多家商业银行开设了自己的电子商务平台，其中以建设银行、中国银行、交通银行的规模最大。这些购物网站与其他电商并没有太大的差别，包括吃穿住行等方面的商品。而且商业银行逐渐向电子商务领域渗透，与其说这种做法有助于增加营业收

入,倒不如说电子商务的开展促进了客户数据的极大拓展,促使客户数据立体化,以了解客户消费习惯、消费能力、兴趣数据、风险偏好等进行客户画像的构建,预测客户行为,进行差异化服务。

银行大力投资改革网上银行业务。相比阿里巴巴、腾讯等跨界者,银行在资金、风险管理能力、人才储备等方面具备优势。国内多家银行大力投资网上平台、推出网上服务,进行多元化创新,为发展自有互联网金融业务奠定基础。目前,商业银行的网上服务包括传统银行业务、电子商务、移动支付及 P2P 等新兴业务。

2. 保险业的变革

大数据与保险业具有天然的关联性。近年来,兴起的互联网保险也成为保险业收集数据的新平台。据统计,国内大型保险公司每年新增的数据量达到 PB 级。大数据逐渐成为各大保险公司的战略资源。在全球保险大数据应用市场中,大数据在保险业的应用主要体现在精细化营销、欺诈行为分析、精细化运营、承保定价几大方面。

(1) 精细化营销

一是客户细分和差异化服务。客户对于风险的偏好往往决定了保险产品交易的成败,客户对风险的态度通常有三种:爱好、中立、厌恶。风险厌恶者通常是保险的潜在客户。进行客户细分的时候,除了风险偏好之外,还要掌握客户的性格、家庭、职业、社交圈等数据,从而对他们进行分类并为他们提供差异化服务。

二是潜在客户挖掘及流失客户预测。保险企业在对客户线上及线下行为的数据进行收集与分析之后,找出具有潜在购买意向的人群,再结合各种营销渠道去开展这一人群的保险业务。预测流失客户时应对客户的消费情况、客户的个人信息、购买的保险类型等要素进行收集,找出客户退保及投保的影响因素,从而实现对客户的退保率评估,并及时对这些有高退保率风险的客户进行策略调整,从而保持继续率(续保率)的稳步增长。

三是客户关联销售。保险公司可以根据客户的特点及其购买的险种进行分析,进而向其推荐一些相关险种,同时对客户的后续投保做出预测并建立数据库,从而增加保单的销量。此外,保险公司还可以利用大数据技术直接对接客户需求。

淘宝的退货运费险就是应用关联销售的典型。多盈金融中心统计的数据显示:淘宝的客户退货运费险索赔率超过 50%,运营此产品只能给保险公司带来 5% 左右的利润,从保险公司的角度来看这并不是很成功的产品,却有很多保险公司争相与淘宝合作,坚持做这项保险业务。背后隐藏的秘密就在于消费者购买退货运费险之后保险公司可以获得客户的基本信息,从而可以向客户推送其保险业务。例如,购买汽车配件的客户,保险公司可以向其推送车险;购买儿童玩具的客户,保险公司可以向其推送儿童分红险、教育保险等,这些关联险种的推送能给保险公司带来巨大的收益。

四是客户精准营销。在网络推广营销渠道,保险公司可以通过对客户在网络生活中的信息收集,掌握客户的兴趣爱好、生活习惯、职业、家庭、所在地区、社交圈等数据,在保险业务的推送中根据客户的这些数据信息做到精准营销。

(2) 欺诈行为分析

欺诈行为分析，即通过对企业的内部流通数据及相关的外部数据进行分析，有效避免医疗保险欺诈、车险欺诈等各种行为。

一是医疗保险欺诈与滥用分析。医疗保险欺诈是指不法分子非法骗保，形成保险欺诈。医疗保险滥用是指一些人在保险的赔偿额度范围内重复就医、虚报保险金额等。保险公司可以收集医疗保险欺诈与滥用欺诈案件的典型特征，建立数学模型，应用智能化处理，将一些疑似欺诈骗保与滥用的行为进行处理。

二是车险欺诈分析。保险企业对以往的欺诈事件特点进行分析总结，对理赔的申请进行细化分级，对一些车险理赔申请、保险业务员与汽车修理厂联合进行的欺诈行为进行有效管制，可以有效减少车险的欺诈行为。

(3) 精细化运营

一是保险产品个性化。传统模式下的保险公司通常对大量客户进行同一险种的营销，往往忽略了这些客户的差异化需求。如今应用大数据分析，保险公司可以掌握客户的基本信息及其在社会生活中的数据信息，从而可以为客户提供个性化的保险产品，为客户定制合适的投保方案等。

二是运营分析。对保险公司的运营、管理及与客户的沟通信息进行分析，依靠大数据分析技术统计企业的销售情况、业务人员成交量、企业的运营管理等，帮助企业调整战略布局，规避一些潜在风险，实现合理化运营。

三是保险业务人员的筛选。对保险业务人员的业绩、性格、年龄、家庭构成、工作经历、兴趣爱好等数据进行分析，找出优秀业务人员的共性，并挑选潜力大的员工进行重点培养。

(4) 承保定价

在大数法则下，保险产品的定价主要是基于样本数据的分析。大数据时代，保险定价是基于社会和全体数据，不仅包括保险公司存储的客户数据，还包括整个互联网上的数据，如来自社交网络上的文字、图片或者视频信息。这将颠覆传统保险精算的理论和技术，推动保险商业模式的革命性和突破性创新。车险将采用差别定价模式，生命表也将发生更新换代式的变革，所有的投保人将获得公平的保险价格。

3. 证券业的客户关系管理

大数据应用及分析在其他领域的巨大作用，使证券企业开始重视大数据。如今大数据在证券行业的应用尚处于起步阶段。由于其发展时间相对银行及保险业较晚，许多方向及领域还没涉及。当前，大数据技术驱动下证券业的客户关系管理具体表现在以下两个方面。

一是客户细分。通过对客户账户的历史信息、价值、交易习惯、风险偏好、投资收益等进行分析，建立完整的包含客户账户资本、市场关注情况、偏好证券类型、投资收益规模等的客户个人档案，并对相似类型的客户进行细分，形成不同的客户群体，然后对这些群体的交易模式进行总结，找出潜在的最具价值的客户群，并为他们提供相应的服务，及时调整资源配置，改善战略方向，为企业创造更大价值。

二是流失客户预测。证券企业可以用客户的交易记录和流失客户的特点来进行流失客户预测。2012年海通证券首创的"行为特征分析技术"（全称为"给予数据挖掘算法的证券客户行为特征分析技术"）面世。海通证券对上百万份客户半年的交易数据进行分析，构造了客户分类、偏好、流失概率的数学模型。该技术成功地将客户行为数据量化，预测出客户的流失概率，有效地为客户的维护及赢回业务开展提供了技术支撑。

4. 征信行业的变革

（1）征信数据。大数据时代的到来使征信数据来源更广泛，征信数据类型更多样化。在数据来源上，传统的征信数据主要来源于个人或者机构的借贷、赊购、担保、租赁、保险、信用卡等活动，这些活动中产生的行政处罚信息、缴纳各类社保和公共事业费用信息等都是征信数据。在大数据时代，征信数据更多地来源于线上，互联网公司（如淘宝、京东等）通过客户网上的交易记录、评价等信息，科学评估客户的信用状况。征信数据类型的多样性的体现，既有数字、字符之类的结构化数据，也有图片、音（视）频等非结构化数据，这导致数据量显著增大，同时也便于金融机构更准确地把握客户的信用状况。例如，交通银行信用卡中心通过智能语音分析技术，提炼出隐藏在音频数据中的客户信息进行分析应用，每天的数据处理量达到20GB。

（2）征信服务。在大数据时代，征信机构的服务更加及时、高效、全面。例如，在营销服务方面，征信机构运用大数据技术对客户相关数据信息进行收集，勾勒客户画像，从多个方面对客户群体进行细分，从而提供差异化服务，使营销服务更具有针对性和有效性。

（3）数据采集。基于征信机构性质的不同，以往所采用的数据采集手段也存在不同。一种是公共征信机构，一般是由中央银行经营管理，金融机构（如商业银行、信用卡公司等）被强制要求定期向中央银行报送借款人的相关数据和信息。另一种是私人征信机构，独立于政府和大型金融机构之外，通常通过协议或者合同的方式规范数据采集，其数据的主要来源有提供信息服务的金融机构信贷信息、政府平台公布的公共记录等。而在大数据时代，通常是采用人们生活中含有内建芯片、传感器、RFID（无线射频芯片）等具有电子神经的感知设备产品收集数据信息。这些设备与计算机连接以后，可以随时随地对人们生活产生的各种数据进行收集，所收集的数据内容更丰富，数据类型更多样化。

三、大数据金融的理论基础

（一）大数据金融的基本内涵

大数据金融是大数据技术应用于金融业的产物，体现鲜明的技术特征。大数据技术在金融领域的应用，就是在数据挖掘与分析的基础上，更有针对性地为用户提供金融产品与服务，为用户带来更佳的消费体验，优化金融交易模式，净化金融环境，促进金融的创新发展。

金融行业的大数据大致分为以下三大类：①传统的结构化数据，如各种数据库和文件信息等。②社交媒体为代表的过程数据，涵盖了用户偏好、习惯、特点、发表的评论，朋友圈之间的关系等。③日益增长的机器设备及传感器所产生的数据，如柜面监控视频、呼叫中心语音、手机、ATM等记录的位置信息等。

根据金融行业的分类，可以将大数据金融细分为大数据银行、大数据保险和大数据证券。差异化车险定价，是大数据应用于保险行业的典型。具体而言，就是参照驾驶信息制订不同层级的车险价格，如果车主乐于遵守驾驶规范，就可为其提供价格较低的车险；而对于违章较多的车主，则为其提供价格较高的车险。信用卡自动授信是大数据在银行业的应用，银行根据用卡客户数据确定是否授信及计算信用额度。机器人投资是证券领域对大数据应用的典范，证券公司通过分析影响股价的多维因素创设模型，促进股票选择的自动化和智能化，科学把握交易时机。

（二）大数据金融的基本特点

大数据金融与传统金融相比，表现了以下几个方面的特点。

1. 呈现方式网络化

在大数据金融的发展环境中，金融产品与服务更多地通过网络渠道提供给客户，如网络借贷、资产管理、P2P、金融咨询等，都会越来越依赖网络，线上金融交易将获得大发展。现阶段，网络可分为固定网络与移动网络两种，随着移动网络的广泛应用，移动网络在大数据金融业务中的重要性将更加凸显，客户购买金融产品、享受金融服务的便捷性将显著提高。

2. 风险管理有所调整

在风险管理理念上，财务分析、可抵押财产或其他保证的重要性将有所降低，其中，财务分析属于第一还款来源，可抵押财产或其他保证则属于第二还款来源。同时，交易行为的真实性、信用的可信度将更多地以数据方式反映出来，风险定价方式的革新势在必行。在客户评价上，立体性、真实性将更加凸显，而抽象性和模糊性将被打破。

3. 信息不对称性降低

基于大数据在金融领域的深入应用，金融产品、金融服务的提供方与消费者之间的信息不对称现象将明显弱化。一方面，大众可实时了解某一金融产品的认可度；另一方面，金融产品提供者也会及时掌握消费者的需求和意向。

4. 金融业务效率提高

大数据金融的许多流程和动作都是在线上发起和完成的，有些动作是自动实现的。在适宜的时间与地点，把合适的产品以最恰当的方式提供给有相应需求的消费者。在大数据技术的支撑下，金融业务的推广将会更加高效，交易成本也将明显降低。

5. 金融企业服务边界扩大

一方面，对于单个金融企业，最适合扩大经营规模，由于效率提升，其经营成本必然随之下降。金融企业的成本曲线形态也会发生变化，长期平均成本曲线的底部会更快来临，也会更平坦、更宽。另一方面，依托对数据的全面挖掘和有效应用，金融从业者的工作效率将大大提高，服务质量也会得到提升。与此同时，单个金融企业对员工数量的需求也将有所降低，进而促使金融企业获得更大的赢利空间。

6. 产品是可控的、可接受的

依托大数据而向消费者提供的金融产品，更容易获得消费群体的认可，这就体现了金融产品的可控性。值得注意的是，产品可控是从消费者的角度而言的，在本质上表现为风险的可控；产品可接受是从消费者的立场来看，金融产品的成本、收益处于他们的心理预期范围内。同时，产品的流动性是可以接受的；基于金融市场的数据信息，消费者认为其产品也是可以接受的。

7. 普惠金融

基于大数据的应用，金融服务的对象与范围都将得到大幅拓展，金融服务将更受普通群众的认可，如极小金额的理财服务面向收入偏低的大众，使他们都能有机会享受金融服务。随着金融服务对象与范围的拓展，普惠金融将会成为现实。

（三）大数据金融的理论基础

大数据金融的经济学基础主要有：信息经济学和金融中介理论。

1. 信息经济学

信息经济学主要研究信息不对称对于经济活动的影响。斯蒂格利茨、阿克洛夫等指出，在市场经济活动中，市场参与者对信息的了解是有差异的；掌握信息充分的市场参与者，一般处于更加有利的地位，反之，则会处于不利的地位。在交易双方的关系中，产品提供者所掌握的信息更全面，而消费者掌握的信息较为有限，在某些情况下甚至主要是通过产品提供者获取的，信息的不对称导致消费者处于劣势。如同旧车市场，卖方对于车况信息更为了解，但买方很难知晓车况的真实信息；在买方愿意提供的价格水平下，只有车况差的车主愿意卖出车辆。这样的交易结果是买方受损，市场上成交的都是车况较差的车辆，即"差车驱逐良车"。

金融业是经营和化解风险的行业，金融业的风险主要来自客户信息的不完全和不对称。可见，金融业的发展和信息技术的革新息息相关。研究发现，金融市场中信息不对称的现象尤为常见，如股票发行方和认购方在对企业信息的掌握程度上存在差异。信息不对称造成了事前的逆向选择和事后的道德风险。以借贷为例，申请固定利率贷款的人大多是信用状况较差的一类人，而申请到贷款后这类人也有更大可能违约。大数据金融为解决金融市场的信息不对称问题提供了很好的路径，通过对大量的、跨领域、跨时期数据的分析，可以寻找其中的某些规律以做出更好的决策。例如，通过对银行全部借贷数据进行分析，找到违约率最高的人群的共同特征，如教育程度、父母婚姻状况、所在地区发达程度等，以针对性地减少对这类人放贷或者添加附加条款。

2. 金融中介理论

金融中介理论认为，金融中介的主要作用是生产、传递和处理信息。以往我们主要依靠银行、券商、保险等传统金融中介机构收集信息。但在大数据时代，信息的来源渠道得到极大拓展，通过互联网工具，每一位互联网用户都能成为信息源，尤其是网上购物、网上支付、网上金融产品交易的行为，更是为金融活动提供了源源不断的数据流。掌握了用户大数据的企业具备了成为新的金融中介的基础条件。从信息传递和处理方面来看，大数据企业与传统金融中介形式存在显著差别。传统的金融中介沉淀了很多信息，但不仅没有有效传递到社会中，更没有有效地进行挖掘。例如，个人的借贷记录、信用情况，只存在于个体银行或者央行的征信系统中，这个征信系统并没有对社会上其他部门开放；在数据处理上，这些借贷情况都只是碎片状的，很少与其他数据库（如交通违法、消费记录）、与借贷者其他个人信息相关联，金融机构也缺少相应的意识和手段对自身掌握的数据进行深度挖掘。基于大数据的新中介有可能弥补这一缺陷，大数据是基于互联网而产生的，互联网本身就是自由和开放的，因而数据的获取、传输变得更加容易；这些新中介相对于传统金融中介的优势就在于对数据的分析和运用，在数据处理上显然会有更大的动力。我们可以看到诸如阿里巴巴、京东、百度等掌握大数据的企业，已经有了成为新金融中介的趋势，开始涉足金融领域，一旦获得金融牌照，它们将成为新的金融中介机构。这类新金融中介显然与传统中介不同，它们所掌握的数据量庞大、丰富，涉及每个人的工作、学习、消遣乃至情绪、思考。通过对大数据的有效分析，能够有效地评估个体和企业信用、预测市场波动、分散非系统风险、匹配借贷资金期限。阿里巴巴小企业信用评价系统"诚信通""余额宝"基金运作，就是基于大数据的杰作。

大数据的应用，将会促使人们对金融中介的既有认识发生转变。大数据基础上的互联网金融中介，可能取代传统以银行为主的金融中介而形成金融再脱媒的现象。毋庸置疑，大数据金融拓展了人们对金融中介的认识，赋予金融中介新的内涵。

（四）大数据金融模式的基本表现

总体上看，大数据金融主要有平台金融模式与供应链金融模式两种。其中，平台金融模式就是平台企业借助先进技术实施数据的挖掘与分析，并将其应用于金融交易中。平台模式的典型代表是阿里金融，腾讯及三大电信运营商今后也很可能涉足此领域。供应链金融模式就是供应链条中的关键企业凭借已掌握的产业优势，对上游、下游企业的金融数据加以掌控，与金融机构达成合作关系，或是提供资金支持，对上下游合作企业提供金融服务。供应链金融模式的典型代表是京东商城。

1. 平台金融模式

平台金融模式聚焦于平台上各商户交易活动中产生的数据，通过数据的挖掘、整理与分析，对各商户做出信用评价，为其提供授权服务。平台金融模式的关键点就在于，在全面掌握商户交易信息的基础上对商户有了客观认识。金融领域的各项活动都与信用相关联，都关乎风险管理；这种基于大数据的精确信用评估，能够有效解决风险控制问题，降低坏账率。依托稳定持续的大数据和先进的云计算技术，系统能够自动地进行信用评价和授信，借贷流程完全能实现流水化，这在提升效率的同时也降低了运营成本。

2. 供应链金融模式

供应链金融于19世纪在荷兰出现，到20世纪末逐渐成熟。在完整的供应链条中，各个节点的资金状况良莠不齐，某个节点的资金匮乏可能导致"木桶效应"，使整个供应链条效率降低。在这种情况下，供应链金融发挥了极大的功效。依托于某一个实力雄厚的核心企业，以自有资金或者联合金融机构对整个供应链条的参与者提供金融支持和服务，满足了产业链的协调发展；在这个过程中，核心企业依托自身数据能够对产业链中的企业进行较好的风险评估。

传统的供应链金融只针对某个特定的产业链条，其运作相对简单和"感性"；大数据视角下的供应链金融的涵盖面则非常广泛，而且依赖于精确的数据"理性"。京东是大数据供应链金融的典型代表，京东依赖自己掌握的各个类型、各个行业、各个地域的关联企业的海量交易数据，通过数据挖掘评价企业信用、资金运用状况，进而联合银行等金融机构为这些企业提供金融支持和服务。京东在供应链金融中发挥了对上游企业信息收集、信息挖掘、信用评估的作用，进而向银行提供担保。

京东的供应链金融是京东与银行、供应商的双向深度绑定。从供应商的角度而言，要获得京东的金融服务，必须与京东有长久的支付、物流业务，从而形成信息流；从银行角度而言，借助京东的大数据，能够实现对企业快速、精准的信用评价，从而提高资金流的效率。这是多赢的结果，通过物流、信息流、资金流的整合，每一方都能从中获得巨大的收益，达到 1+1+1 > 3 的效果。这也是为什么许多电商平台急于涉足金融，而金融机构要涉足电商的原因。

以上是我们依据大数据所处环节解析大数据金融模式；也可以依据行业进行划分，分别考查大数据在金融、证券、保险中的作用；也可以依据产品模式来探究大数据在P2P、第三方支付与货币市场基金、众筹等新金融模式中的作用。无论用哪一种方法，我们都能得出这样的结论：大数据已经改变了传统金融的基因。

（五）大数据金融相对于传统金融的优势

传统金融对大数据的重视程度不高，大数据分析技术落后，大数据技术的应用相对缺乏。相比传统金融，大数据金融具有以下优势。

1. 放贷快捷，精准营销个性化服务

大数据凭借自身的数据优势，具备信用评价的能力，并据此开展借贷业务。大数据金融根据企业不同的生产流程和信用评分进行放贷，所受的外在影响因素较少，与企业的期限管理相契合，在应对企业的流动性难题上效果显著，而且大数据金融能更好地满足企业的个性化融资需求，具备便捷性和准确性。

2. 客户群体大，运营成本低

传统金融对人工有极大的依赖性，但大数据金融则对技术提出了更高要求，它建立在大数据云计算的基础上，有助于减少人工成本，运行效率也会大幅提升，不仅可以针对小微企业提供金融服务，还可以根据企业生产周期灵活调整贷款期限。大数据金融整合了碎片化的需求和供给，将服务领域拓展至更多的中小企业和中小客户，更大限度地降低了大数据金融的运营成本和交易成本。

3. 科学决策，有效风控

在大数据金融模式下，大量的数据信息汇集在一起。对于借贷业务而言，贷款方能及时把握风险点，并做好风险防范工作。大数据金融可以根据这些交易借贷行为的违约率等相关指标估计信用评分，运用分布式计算做出风险评估模型，解决信用分配、风险评估、授权实施及欺诈识别等问题。在大数据的支撑下，金融决策的科学性大大提高，不良贷款率也将大幅降低。

与传统金融相较而言，大数据金融日益显现强大的优越性。技术进步与金融革新，共同助推大数据金融的发展，为中小企业的发展创造了更好的金融环境，对于推动我国经济结构调整具有积极作用。总之，大数据金融既是企业发展的需要，也是国家战略规划的内在部分。

第二节 大数据环境对金融统计的影响

金融统计工作是金融服务管理建设的重要基础，是优化服务模式、提高管理质量的有力保障。在大数据时代，金融统计工作面临新的环境，迎来了新的转变，统计工作要适应新的时代要求，通过统计信息平台的创建、数据挖掘能力的提升，以更好地服务金融市场发展，促进市场改革的有序推进。面对日益发展的金融市场，推进金融统计工作的创新发展，是进一步发挥大数据应用价值的重要保障。因此，新时期的金融统计工作，应以新的思维视角，构建新的统计环境。本节从金融统计工作的现状出发，立足大数据时代，就如何推进金融统计工作建设做了如下阐述。

一、大数据金融统计概述

大数据金融统计的涵义就是指以云计算、互联网、数据集为技术基础，需采用水平缩放技术来完成对银行、保险、融资租赁等金融活动的规模数据予以汇总分类、计算分析和统计研判的处理过程。中国人民银行作为国家金融安全的统帅监管部门，其大数据金融统计的内容主要包括：银行信贷资金统计、货币供应与流通统计、社会融资规模统计及银行现金收支统计四大类。

（一）大数据金融统计的主要特征

大数据金融统计的主要特征主要体现在如下四个方面。

1. 筛选高标准性

大数据信息的海量快捷性会使金融统计人员获得大量的网络源数据信息，但并不是所有的网络源数据信息都是有价值的，而只有通过"雾计算"等数据清洗筛查技术的帮助，才会筛选出对金融规律分析有价值的金融统计数据，而那些泛滥无用的垃圾信息则会在甄别清洗中逐一被过滤排除掉，从而保证了金融统计信息的有用性和高效性。

2. 分析功能全面性

通过大数据技术对金融活动数据进行分析，可以覆盖国民经济生活中债券、保险、融资租赁、交易结算的各个机构和各个环节，实现对金融活动对象的全覆盖和金融业务过程节点的全覆盖。在统计内容上实现总量与结构明晰、数量与价格兼顾、存量与流量双显的全面可分析的效果。

3. 统计高效及时性

大数据技术具有高效的处理速度，对海量数据往往可以在数秒内处理完毕，这使它在瞬息万变的金融市场上能够充分实现快速反应、通告的及时性和准确性，保证金融信息应用者快速做出正确科学的投资决策，最大限度规避风险而获取最佳收益，因而很好地体现了大数据金融统计的高效及时性特征。

4. 数据挖掘穿透性

大数据金融统计采用数据挖掘技术对表面显得关联性不强的零散、独立的金融数据通过采用 k—means 聚类、人工智能、机器学习等方法进行深度穿透分析，从而找出金融业务的内在关联性和实质性规律，切实为金融管理者把握金融业务运行本质规律和内在性联系，制定正确的金融政策或做出科学的投资决策奠定成功的基石。数据挖掘的穿透性成为大数据金融统计活动成功揭示金融事项本质规律的有力武器。

（二）大数据金融统计在国民经济生活中的重要作用

大数据金融统计目前已成为社会经济生活的风向标和晴雨表，与国民经济生活息息相关，有着举足轻重的作用，其在国民经济生活中的重要作用主要表现在如下四个方面。

1. 统计分析成果是制定金融政策的直接依据

通过大数据金融统计分析，金融主管部门可以得到区域性地方政府债券统计分析报告、债券市场统计分析报告、银行业发展趋势统计分析报告等宏观分析成果，为国家及时制定和调整金融政策，确保金融制度措施精准得当、金融政策扶助实体经济发展高效有力提供了坚实的保障。可以说，金融统计大数据分析成果的科学性保证了金融政策的持续高效性和精准合理性，成为国家金融政策制定和调整的首要参考依据。

2. 统计研判结论是国家宏观调控的导向标

对大数据金融统计数据进行分析研判，从而可以及时准确掌握绿色金融项目落地进展情况、普惠金融政策实施完成情况及受益产业产值增长情况、互联网金融服务实体经济提质增效情况等中观金融发展趋势，为国家对经济运行态势的宏观调控奠定坚实的决策基础。正是因为有了金融行业中观统计数据的大数据分析统计结果，才使国家经济政策的宏观调控措施出售精准，调控有力，高效地粉碎了经济泡沫的出现，维护了国家经济安全和金融发展的安全。

3. 统计监测数据为金融监管活动提供精准服务

大数据金融统计技术通过其数据搜集的广泛性和全面性，全方位地覆盖了关联环节的活动记录，并通过业务关联的穿透性分析，可以高效捕捉金融活动中的隐形违规行为和违法活动痕迹，为金融监管部门适时出手惩戒违规活动和失信行为，防范系统性金融风险奠定了坚实的技术基础。中国人民银行大数据金融统计每年实现数亿条监测信息的统计筛查处理、穿透关联分析，较好地实现了对金融活动样本的重复性、真实性分析，大大提高了金融活动的安全性水平，使虚假信托、违规信贷等金融欺诈行为无处隐藏，有效保障了国家的金融稳定和经济安全，成为国家金融安全的重要防护利剑。

4. 统计数据信息为金融咨询业务提供技术支撑

大数据金融统计活动在对金融活动统计监测过程中获取了大量有价值的业态趋势信息，如股票涨幅跌停走势分析信息、基金运行态势好恶信息、国债收益信息、企业债券回报率信息等业内情报，成为金融咨询公司为金融客户提供专业咨询建议，帮助金融客户在金融活动中做出科学决策的关键性考量依据。正因为有了大数据金融统计信息的技术支撑服务，才使金融投资者和金融咨询服务人员能够有的放矢地进行投资分析决策和咨询分析服务，杜绝了低效投资、胡乱决策等非理性活动产生金融风险事件的危险现象发生，确保了金融活动的增值性和造血增收功能的发挥，推进了金融业的良性健康发展。

二、大数据时代金融统计工作的转变

随着信息技术的不断发展，大数据时代的到来，转变了传统统计工作模式，对金融统计工作产生了较大影响。数据来源体量的变化、统计需求的日益提高，是大数据时代下金融统计工作的显著转变，也是新时期金融统计工作建设的新方向，应从新的视角构建统计工作。因此，大数据时代金融统计工作的转变，主要表现在以下几个方面。

（一）数据来源体量增大，促进统计工作转变

在数字信息时代，金融统计市场数据来源体量呈现出快速增长趋势，对金融统计工作提出了更高要求。当前，数字化金融统计市场建设的推进，导致金融统计市场业务数字化和信息化，对信息源统计的环境发生改变，这在很大程度上促进了金融统计市场加快统计工作转变。首先，金融统计市场业务数字化，增加了金融统计市场数据信息源体量，要求统计应转变工作模式，建立数字化统计机制；其次，在大数据时代，金融统计工作面临新的挑战，如何实现海量数字信息的有效统计，成为统计工作价值体现的重要保障。因此，大数据时代金融统计的数据来源体量大、增长快，要求统计工作进行转变，以更好地适应新的发展需求。大数据统计需要新模式、新机制以提高统计工作质量。

（二）统计需求日益提高，要求统计工作新转变

当前，市场体制改革的不断推进，传统粗放式管理难以适应新的发展需求。金融统计市场精细化管理的构建，对统计工作有了更高要求，也进一步促进了统计工作的新转变。首先，统计工作是金融统计市场服务管理的重要依据，通过大数据统计分析，为金融统计

市场服务的优化与调整提供保障，同时也为药品及设备管理等工作提供数据依据，提高金融统计市场服务管理效率；其次，大数据时代金融统计工作迎来了新发展，面对日益增长的统计需求，金融统计工作应适应新环境，在高效、高质的统计工作中，推进金融统计市场改革发展，优化市场服务管理建设。

三、大数据时代金融统计工作中的问题

随着大数据时代的不断发展，金融统计工作的转变，推动了统计工作的创新构建。但是，在金融统计工作中，仍存在诸多问题，特别是大数据分析应用不充分，工作制度不完善等问题，对金融统计工作质量形成了较大影响。审视大数据时代金融统计工作的问题，能够从问题出发，推动大数据统计工作的创新构建，体现大数据的应用作用。因此，大数据金融统计工作存在以下几点问题。

（一）大数据应用不充分，数据开发欠缺

在大数据时代，统计工作的转变，要求建立完善的数据开发体系，为金融统计工作的有效开展，提供良好的环境条件。首先，在大数据应用中，大数据技术尚不成熟，大数据在金融统计工作中的应用不充分，影响数据的开发力度；其次，金融统计工作面比较狭窄，在数据开发及应用等方面，缺乏良好的内部条件，导致金融统计工作缺乏深度；最后，金融统计工作强调大数据的海量分析，而在实践中发现，大数据应用欠缺，对数据的开发力度欠缺，影响金融统计工作中大数据的分析应用。因此，如何在新的统计环境中，推进金融统计工作创新，需要进一步提高大数据的应用程度，特别是大数据开发应用，保障大数据应用成效。

（二）金融统计环境欠缺，大数据应用不足

金融统计工作中，对大数据的应用尚处于初级阶段，统计环境的欠缺，也是当前大数据应用成效难以有效发挥的重要原因。首先，金融统计工作对大数据的应用要求高，当前的应用技术成效，难以满足金融统计工作的实际需求；其次，金融统计工作在大数据的应用中，尚未形成完善的应用体系，金融统计工作面狭窄，对金融统计工作的创新构建，形成了较大影响；最后，大数据在金融统计工作中应用效率低，且在大数据质量保障等方面，缺乏高质量统计数据反馈，进而难以确保金融统计工作的有效开展。

（三）统计工作水平有限，缺乏统计信息平台

在大数据的应用中，统计工作尚未形成完善的统计信息平台，以至于统计信息服务效能不足。首先，金融统计工作水平有限，在新的统计环境中，表现出较大的不适应性。特别是在大数据技术的应用中，统计工作水平不高，在与大数据的整合应用中，难以获得良好的应用效果。其次，金融统计分析要求建立完善的统计信息平台，这是保障大数据有效应用的重要基础。最后，统计人员专业能力欠缺，在统计工作的开展中，缺乏专业化的人

才保障,也是影响大数据时代金融统计工作开展的重要因素。因此,在金融统计中,应建立完善的统计工作制度,搭建统计信息平台,为金融统计工作的优化与调整提供良好的环境条件。

四、大数据时代金融统计工作的构建策略

在大数据时代,金融统计市场要转变思想认识,提高统计工作的重要地位,通过统计工作模式的转变,以更好地适应新的统计环境。在笔者看来,大数据时代下金融统计工作的构建,在于完善统计标准机制,强化统计数据挖掘,以更好地提高统计工作质量,满足新时期金融统计市场服务管理需求,深化市场体制改革建设。此外,随着金融市场的不断发展,提高金融统计服务能力,也是进一步推进金融统计构建的重要保障。因此,大数据时代金融统计工作的构建,可从以下几个方面有效展开。

(一)完善统计标准机制,搭建统计信息平台

金融统计市场要重视统计工作建设,通过完善统计标准机制,实现统计数据资源的有效统计。首先,金融统计市场要建立统计标准机制,统一统计口径,对病例资料、人事档案等的统计管理工作,应建立在规范化、标准化的统计范畴之中;其次,加快统计信息化平台建设,依托现代统计手段,提高统计工作效率,实现大数据时代统计工作的新发展,特别是大数据统计平台的创设,能够更好地实现数字信息统计分析,为市场服务管理提供依据,不断地优化市场服务管理建设;最后,在数字金融统计市场的建设中,要创设统计工作新环境,依托信息统计工具,提高统计工作质量,满足统计工作需求。因此,大数据时代统计工作对信息化平台的需求提高,信息管理平台的创设,能够进一步优化统计工作环境,提高金融统计质量。面对日益复杂的金融市场,金融统计工作的推进是提高金融市场分析及决策部署的重要保障。

(二)强化统计数据挖掘,提高统计工作质量

统计数据的挖掘,是发挥统计数据价值的重要基础。为此,在大数据时代,金融统计市场要提高统计工作建设水平,适应新时期统计工作的发展需求。首先,重视统计数据开发及应用,实现统计数据资源整合,发挥统计数据在市场服务管理中的重要作用;其次,强化对统计数据的综合应用,采用多元化方式以及 SAS 等统计设施,实现对统计数据的全方位开发应用,以更好地应用于市场服务领域;最后,要加快人才培养建设,特别是大数据时代的统计工作,要求统计人员具有良好的综合素质,具有统计专业知识的同时,也要对计算机、大数据技术等有所掌握,以更好地适应新的工作岗位,提高统计工作质量,适应满足新时期统计工作需求。因此,立足金融市场发展,发挥金融统计工作的重要作用,为金融统计工作质量的提高提供切实可靠的保障。

（三）提高金融统计服务能力，强化大数据分析

大数据统计的实现，能够有效提高金融统计服务能力，充分发挥大数据分析的重要作用。面对日益复杂的金融市场，应积极推进金融统计工作创新，以更好地适应新的环境条件。首先，要转变认识，充分发挥大数据分析作用，提高金融统计服务水平，能够更好地满足实际需求，推动金融统计工作的创新发展；其次，大数据分析能够从海量信息中，研判金融市场发展，为金融市场决策提供可靠的信息服务，体现了大数据统计的重要作用；最后，金融统计工作是系统而专业的工作，应在大数据的应用中，提高金融统计服务能力，在专业统计分析中，保障金融统计工作的有效开展。因此，新时期的金融统计工作，要通过金融统计服务能力的提高，强化大数据分析，保障金融统计工作开展。

第三节 大数据金融统计发展的策略探索

金融统计分析工作主要是对金融业务活动信息资料进行收集、整合、分析与存储，从而实现对整体金融活动的规范与管理。在大数据时代，金融统计分析工作也发生了变化，简而言之，"大数据环境改变了金融统计管理机制，使金融统计数据采集工作发生了变化，对数据分析工作产生了多重影响，改变了金融统计工作整体结构。"[1]

在大数据技术应用迅猛发展的科技新时代，金融统计工作者只有与时俱进做好大数据技术与金融统计新技术的融合应用、深度契合发展，才会在新技术革命中掌握主动、把握先机，为国家经济健康发展做出决定性的强基贡献。

一、大数据金融统计发展的基本原则与条件

（一）大数据金融统计发展的基本原则

大数据金融统计要平稳健康发展，必须坚持科学合理的原则性，在基本原则的限定约束下有序开展才会实现发展的可持续。大数据金融统计发展的基本原则主要包括以下四个方面。

1. 与时俱进原则

大数据金融统计发展必须坚持"技术同步跟进、理念与时更新、行动统一合拍"的与时俱进原则。只有与时俱进更新技术，才会使大数据金融统计工作引领信息前沿制高点；只有不断更新发展理念，才会使大数据金融统计在发展过程中跟上时代的节拍，与时代发展需要紧密契合；只有坚持大数据金融统计工作在行动上与时代统一，才会确保大数据金

---

[1] 齐晨翔.金融统计分析在大数据环境中的发展优化[J].财经界，2020（36）：253-254.

融统计活动的时代性先进性。由此可见，坚持与时俱进原则是大数据金融统计得以发展的根本原则。

2. 系统高效原则

大数据金融统计发展必须贯穿系统高效的原则才会赢得发展的主动性和效率性。通过大数据金融统计工作的有序开展，使金融系统运行起来安全高效，部门间合作高效、协调有度，推动着整个金融体系健康有序向前发展，为国家经济生活良性运转保驾护航、补血增能。因而，系统高效原则已成为推动大数据金融统计发展的动能性原则。

3. 服务人民原则

大数据金融统计发展务必坚持"服务人民"的中心理念，确保"发展为了人民，发展依靠人民"的人民性原则得到最佳的贯彻落实。大数据金融统计信息只有为了人民获得更多的金融获得感和金融成就感而服务，才会得到最广大人民的支持与拥护，使金融行业在人民的支持中得以快速发展强大，更好地服务于人民的经济生活。显而可见，"服务人民原则"已成为大数据金融统计发展的核心原则。

4. 全面协调原则

大数据金融统计发展必须坚持"全面协调原则"才会确保金融监测的科学准确、金融分析的缜密全面，从而为金融决策的科学性和金融发展的安全性奠定坚实基础。通过大数据金融统计的全面广覆盖特性，使各类金融活动悉数都在国家的监测控制之下，防范了金融欺诈行为的为非作乱；通过大数据金融统计在税收、工商、财政等各专业部门进行数据协调比对、传统分析，使国家掌控社会经济运行规律的真实性更为精准强大，从而保证了国家经济决策的正确性和调控措施部署的科学准确性。

（二）大数据金融统计发展的重要条件

大数据金融统计要得到良好可持续的发展机会，离不开内外在条件的有力支撑，而推动大数据金融统计发展的关键性条件主要体现在以下三个方面。

1. 政治方向条件

大数据金融统计发展离不开政治方向的指引，偏离方向的发展只能将行业运行的脚步带入危害社会的迷途。大数据金融统计工作必须坚持在党中央的正确领导下开展工作，才会赢得发展方向的科学正确性和发展目标的清晰光明性，才会真正实现"发展服务人民，发展利于人民"的人民至上性。因此，保证大数据金融统计工作的政治方向正确性，就成为其发展向前的首要条件和根本保证。

2. 资源配置条件

大数据金融统计发展离不开资金、技术、人才等资源条件的支撑和倾斜支持。只有在其资金、设备配置上予以大力支持，推动技术研发投入的不断加强和专业人才的不断加盟，才会使大数据金融统计工作在良好的资源条件下得到最充分的发展和提升。同时，充分发挥资源配置的效率性，激发人才创业的能动性和主动性，引领技术的先进性，形成大数据金融统计发展的高效性。

3. 环境促动条件

环境决定出路。大数据金融统计发展离不开政策规制的外部环境支持，亦需要系统内良好的创业环境、人才环境、管理环境来支撑运转。只有不断在政府、行业、系统层面上创造有利于大数据金融统计开展的制度环境和政策环境，打造有助于大数据金融统计工作推进的运行机制，才会有效促进大数据金融统计工作的顺利发展，为国民经济运转起到监督作用。

二、大数据金融统计发展的路径与保障

（一）大数据金融统计发展的路径

新时代前进征程中，大数据金融统计工作只有沿着科学高效的路径不断前进，才会为国家经济建设发挥出不可比拟的运行监测器作用。其发展的科学可持续性主要从以下四个方面得以实现。

1. 顶层设计科学规划

作为国民经济运行血脉的金融行业离不开党中央的直接统一领导，发展大数据技术，提升金融科技水平为实体经济服务，从而在宏观上为大数据金融统计工作发展明确了方向。

2. 技术攻关突破瓶颈

大数据金融统计技术可持续发展离不开信息通信技术、互联网技术、5G 技术、云计算、雾计算技术的研发配合和技术紧密契合来达到技术的安全性、快捷性和全面性。目前，我国华为公司研发的 5G 基站技术已经达到全球领先水平，为大数据金融统计工作创造了良好的工作环境；同时也需要加快互联网技术、雾计算技术的研发，依靠自主研发成果装备自己的大数据金融统计工作系统，不使用核心技术掌握在别国的系统工具，否则产生系统性金融泄密事件将直接危及国家的金融安全，动摇国家稳定的基石。因此，加大力度自主研发大数据金融统计工作系统的任务还是艰巨而光荣的。

3. 实现金融基建全面覆盖

大数据金融统计工作开展离不开金融基础设施的全面建设实施。没有运行性能良好的支付清算系统、客户征信系统、反舞弊监测系统以及金融法律法规、技术标准的全面建设，就不会有金融运行环境的井井有条，也不会有金融统计的科学准确，而只会使金融骗局丛生、金融欺诈横行，金融秩序陷入混乱。因而坚定不移地开展好金融基础设施建设将直接促进大数据金融统计工作的顺利开展，推动金融行业稳定、健康、可持续发展。

4. 普及（金融）教育惠及人民

大数据金融统计发展要实现"发展为了人民，发展服务人民"的根本目标就必须不断加强对大数据金融知识、互联网金融知识、金融风险辨识的普及教育和科普学习活动，使人民真正掌握现代金融基本知识和操作知识，熟悉金融风险伪装的形式和运行规律，从而在经济生活中有效地防范金融诈骗事件的发生，从而使人民的金融财产和劳动果实得到切实的捍卫和保护，真正实现金融发展成果人民共享。

（二）大数据金融统计发展的保障措施

大数据金融统计工作在沿着科学路径顺利推进的过程中，还需要有强有力的保障措施来推动，方能取得全面胜利。新时代奋斗征程中，主要采取以下保障措施推进大数据金融统计工作的蓬勃开展。

1. 组织措施坚强有力

作为金融稳定发展健康监测器的大数据金融统计活动自然也成为中央高度关注的工作。中国人民银行、银保监会、证监会纷纷成立了金融统计监管委员会、大数据金融统计研究院等组织机构统筹安排大数据金融统计工作与时俱进地开展。从中央到各部委、金融行业各系统、各地区金融机构和部门层层落实了大数据金融统计监管的责任和目标，确保了大数据金融统计工作的全面开展。

2. 技术措施科学高效

金融管理当局着重从大数据统计技术标准研究、金融统计质量控制技术研究等方面积极开展科学技术研究攻关，不断推动大数据金融统计技术标准落地实施。适时做好技术标准的宣贯培训工作，确保基层操作人员和标准执行人员熟练掌握标准，保障金融统计过程中的准确无误，进而实现以大数据技术领先带动金融统计质量得以高效保证的良好效果。

3. 经济措施精准对路

国家从资金投入渠道上、从项目批复倾斜上不断向大数据金融统计工作方向靠拢，使好项目、好资源纷纷融入大数据金融统计实施工作中，助力大数据金融统计工作资源丰厚，资金充足，确保各项科研组织工作、制度实施工作、监测稽查工作及时开展，从而有效保障大数据金融统计工作目标的顺利完成，有效提升大数据金融统计工作的先进性和科学性水平。

4. 政策规制严谨周全

大数据金融统计工作在有序开展过程中必须充分发挥规章制度的约束导向作用和政策文件的引导评价作用，通过行业政策的倾斜调整，进一步激发大数据金融统计工作者的激情和活力，放大群策群力智慧集中的虹吸效应和头脑风暴的边际效应，使大数据金融统计工作在宏观、中观政策支持的春风下茁壮发展；不断完善大数据金融统计规章制度，通过规矩制度的科学执行推进大数据金融统计工作的落地有声，从而促进大数据金融统计工作的效率性和执行力水平的全面提升。

大数据金融统计工作作为关系国家安全和人民财产安全的系统性工作，需要在金融管理活动中通力合作并予以全面认真开展和实施。只要做到技术与时俱进，思想高度与政策统一，行动严格落实，那么，就一定会科学高效地开展好大数据金融统计工作，为新时代金融稳定发展发挥重要的作用。

第四节 大数据金融发展的趋势及相关建议

一、大数据金融的利用及发展特点

（一）大数据金融的利用

大数据金融的利用可分为三个阶段，分别是描述过去、预测未来和提供建议。企业的大数据分析正逐步从前两个静态的现象分析阶段过渡到针对场景提供建议的阶段，从而更精准地对市场变化做出反应。

描述过去指针对历史数据进行分析，目的是反映历史事件静态的情况。企业或机构的业务可以通过描述型分析实现清晰的评估，适用于业务部门进行实时调查，以及做可视化呈现。典型应用案例如企业通过月报、日报等数据化报表，帮助企业管理者了解经营情况。

预测未来指通过对数据的挖掘、统计和算法等来分析当前和历史数据来预测未来事件和业务成果。从历史数据中发现规律，从而提出有针对性的优化措施。典型应用案例如企业价值评估，投资人需要分析企业历史的销售情况、客户价值、市场占有率等因素，进行规律总结，并基于规律总结对企业的发展前景进行预测，从而制订投资策略。

提供建议指基于对现状和业务规则的理解，识别出未来的机遇和风险，并提出明确的决策方案。通过数据驱动，实现以事实为中心的经营方法。典型应用案例如智能投顾，通过大数据直接指导用户何时买进和卖出股票。预测未来和提供建议的区别为预测性分析只告诉企业某只股票有可能会跌，大盘有可能会跌，其分析的是现象，但是没有明确告诉企业应该怎么做。

（二）大数据金融的发展特点

1. 金融云快速落地奠定大数据应用基础

金融云具备的快速交付、高扩展、低运维成本等特性，能够在充分考虑金融机构对信息安全、监管合规、数据隔离和中立性等要求的情况下，为机构处理突发业务需求、部署业务快速上线、实现业务创新改革提供有力支持。因此，金融业一直较为积极地推动云计算的落地。

目前，大型金融机构纷纷开启了基于云计算的信息系统架构转型之路，逐步将业务向云迁移。大型金融机构普遍青睐混合云架构，将非核心应用迁移到公有云上，再将部分核心应用迁移到私有云平台上，在关键业务上继续使用传统架构。新兴金融机构如蚂蚁金服、微众银行等在诞生之初就把所有 IT 系统架构在云上。

2. 实时计算分析能力是大数据金融应用的首要关注点

金融机构的业务要求大数据平台具有实时计算的能力。目前，金融机构最常使用的大数据应用场景为精准营销、实时风控、交易预警和反欺诈等业务，都需要实时计算的支撑。

以精准营销和交易预警为例，精准营销要求在客户短暂的访问与咨询时间内发现客户的投资倾向，推荐适合的产品。交易预警场景要求大数据平台在秒级完成从事件发生到感知变化，再到输出计算结果的整个过程，识别出客户行为的异常，并做出交易预警。因此，流式计算框架的实时计算大数据平台目前逐渐在金融机构得到应用，以满足低延时的复杂应用场景需求。

3. 金融业务创新越来越依赖于大数据应用分析能力

客户对服务体验的要求越来越高，需要金融机构随时随地都能提供服务，产品设计得更易用、更直观、响应速度更快。金融机构提供产品和服务的重点，也从简单的标准化，转变为个性化。

大数据能够在产品设计和客户服务两方面提高创新能力。在产品设计上，大数据能够更好地利用现有数据，为客户进行全面的客户画像从而识别客户的需求。基于精准的客户认知，金融机构可以细分客户的需求，从而有针对性地设计出符合客户个性化需求的、场景化的产品。在客户服务上，大数据可以提高产品的自动化程度，从而扩大产品和服务的范围、拓宽客户基础，使得金融机构得以覆盖以前服务不到的长尾客户。此外，产品自动化还能够快速地对客户需求做出反应,提高用户黏性。

4. 金融数据正在向金融科技行业巨头聚集

互联网和科技行业存在的"赢家通吃"模式在金融行业继续上演。随着行业的快速整合,原来分散在各家金融机构的数据正快速向金融科技行业巨头集中,从而形成数据寡头。

以支付行业为例,原来分散在各家银行手中的支付数据正快速向支付宝和财付通集中。目前,支付宝和财付通已经覆盖了绝大多数消费场景,包括电商购物、餐饮、出行、航旅、公共事业缴费、线下购物等。过去银行可以通过借记卡和信用卡的消费记录来分析客户的消费行为,为金融企业的服务和产品设计提供支持。现在这些小额消费行为很多都通过第三方支付,银行无法拿到具体的消费数据。客户消费数据的缺少,正在影响银行对个人客户消费行为的了解和分析。

(三)大数据金融应用面临的挑战

1. 金融行业的数据资产管理应用水平仍待提高

金融行业的数据资产管理仍存在数据质量不足、数据获取方式单一、数据系统分散等一系列问题。一是金融数据质量不足,主要体现为数据缺失、数据重复、数据错误和数据格式不统一等多个方面;二是金融行业数据来源相对单一,对于外部数据的引入和应用仍需加强;三是金融行业的数据标准化程度低,分散在多个数据系统中,现有的数据采集和应用分析能力难以满足当前大规模的数据分析要求,数据应用需求的响应速度仍不足。

2. 大数据金融应用技术与业务探索仍需突破

金融机构原有的数据系统架构相对复杂,涉及的系统平台和供应商较多,实现大数据应用的技术改造难度较大,而且系统的改造必须保障现有业务系统的安全可靠运行。同时,金融行业的大数据分析应用模型仍处于探索阶段,成熟案例和解决方案仍相对较少,金融机构应用大数据需要投入大量的时间和成本进行调研和试错,在一定程度上制约了金融机构大数据应用的积极性。目前的应用实践反映出大数据分析的误判率还比较高,机器判断后的结果仍需要人工核查,资源利用效率和客户体验均有待提升。

3. 大数据金融的行业标准与安全规范仍待完善

当前,大数据金融的相关标准仍处于探索期,大数据金融缺乏统一的存储管理标准和互通共享平台,涉及金融行业大数据的安全规范还存在较多空白。相对于其他行业而言,大数据金融涉及更多的用户个人隐私,在用户数据安全和信息保护方面要求更加严格。随着大数据在多个金融行业细分领域的价值应用,在缺乏行业统一安全标准和规范的情况下,单纯依靠金融机构自身进行管控,会带来较大的安全风险。

4.大数据金融发展的顶层设计和扶持政策还需强化

在发展规划方面,大数据金融发展的顶层设计仍需强化。一方面,金融机构间的数据壁垒仍较为明显,数据应用仍是各自为战,各机构缺乏有效的整合协同,跨领域和跨企业的数据应用相对较少。另一方面,金融行业数据应用缺乏整体性规划,当前仍存在较多分散性和临时性的数据应用,数据资产的应用价值没有得到充分发挥,业务支撑作用仍待加强,迫切需要通过行业整体性的产业规划和扶持政策,明确发展重点,加强方向引导。

二、大数据金融的发展趋势

(一)大数据应用水平正在成为金融企业竞争力的核心要素

金融的核心就是风险控制,风险控制以数据为导向,金融机构的风险控制水平直接影响坏账率、营收和利润。经过长期的数字化改造,金融机构积累了大量的信息系统,通过这些系统积累了海量的数据,但是这些数据分散在各个系统中,很难实现集中分析。金融机构已经意识到需要有效地管理其日益重要的数据资产,正在主动思考和实践数据资产治理的方法。目前,金融机构正在加大在数据治理项目中的投入,结合大数据平台建设项目,构建企业内统一的数据池,实现数据的"穿透式"管理。大数据时代,数据治理是金融机构需要深入思考的命题,有效的数据资产管控,可以使数据资产成为金融机构的核心竞争力。

在国内,金融机构对大数据的认知已经从探索阶段进入认同阶段。金融行业对大数据的需求属于业务驱动型。其迫切希望应用大数据技术使营销更精准、风险识别更准确、经营决策更具有针对性、产品更具吸引力,从而降低企业成本,提高企业利润。随着更多金融机构基于大数据获得丰厚的回报,将进一步打消它们的顾虑,加速大数据的普及。

(二)金融行业数据整合、共享和开放成为趋势

数据越关联越有价值,越开放越有价值。随着各国政府和企业逐渐认识到数据共享带来的社会效益和商业价值,全球已经掀起一股数据开放的热潮。大数据的发展需要所有组织和个人的共同协作,将个人私有、企业自有、政府自有数据进行整合,把私有大数据变为公共大数据。

(三)金融数据与其他跨领域数据的融合应用不断强化

之前金融机构主要根据金融业自有信息进行分析,基于自身静态数据通过人工对内进行经营分析、产品设计、营销设计等,对外进行客户分析和行情分析。近年来,大数据技术逐渐成熟,数据采集技术快速发展,通过图像识别、语音识别、语义理解等技术实现外部海量高价值数据收集,包括政府公开数据、企业官网数据和社交数据,金融机构可以通

过客户动态数据的获取更深入地了解客户。

未来,数据流通的市场会更健全。金融机构将可以方便地获取电信、电商、医疗、出行、教育等其他行业的数据,一方面会有力地促进金融数据和其他行业数据融合,使金融机构的营销和风控模型更精准;另一方面跨行业数据融合会催生出跨行业的应用,使金融行业得以设计出更多的基于场景的金融产品,与其他行业进行更深入的融合。

(四)人工智能正在成为大数据金融应用的新方向

新兴技术高速发展,大数据和人工智能技术正在快速融合。大数据技术强调数据的采集、存储、处理和展现,而人工智能可以在各个阶段助力大数据发挥更大的作用。

在采集上,图像识别、语音识别、语义理解等人工智能认知技术能实现海量非结构化数据采集。在数据的储存和管理上,人工智能技术可以实现自动为数据打标签,将数据归类。在数据处理上,人工智能深度学习、机器学习、知识图谱技术可以提高算法模型的数据处理的效率和准确度。在数据展现上,智能可视化大屏技术可实现数据实时监控和可视化呈现。大数据与人工智能正在进行多维度的深度融合,拓展了大数据金融的应用价值和应用场景。

(五)金融数据安全问题越来越受到重视

大数据的应用为数据安全带来新的风险。数据具有高价值、无限复制、可流动等特性,这些特性为数据安全管理带来了新的挑战。

对金融机构来说,网络恶意攻击成倍增长,组织数据被窃的事件层出不穷。这对金融机构的数据安全管理能力提出了更高的要求。大数据使金融机构内海量的高价值数据得到集中,并使数据实现高速存取。但是,如果出现信息泄露情况,可能一次性泄露组织内几乎全部的数据资产。数据泄露后还可能急速扩散,甚至出现更严重的数据篡改和智能欺诈的情况。

对个人来说,金融信息的泄露会暴露出大量的个人基本信息和消费信息等,大数据技术可以便捷地大批量收集这些信息并进行画像,这使公民更容易受到欺诈,造成经济损失。

三、促进大数据金融发展应用的相关建议

(一)出台促进大数据金融发展的产业规划和扶持政策

建议针对产业发展需求和政策空白领域,出台促进金融行业大数据发展应用的指导性政策意见,明确产业发展的目标、方向、路径和要求,完善产业发展的配套保障体系和发展能力评估建设体系。指导和支持大数据金融在产业标准、安全和商业化等多个领域的相关研究。逐步加快发布和形成大数据金融产业应用标准体系和行业规范,以标准促进产业合作,创造更加良好的产业发展环境,增强产业界发展积极性。

（二）分阶段推动金融数据开放、共享和统一平台建设

针对金融机构数据分散和隔离问题，建议由监管机构牵头，分阶段推进金融行业安全可控的数据开放共享。首先从制订统一数据目录，明确最低开放标准着手，逐步鼓励金融机构创新合作模式，搭建金融行业统一数据平台，克服跨组织数据流通障碍。未来可鼓励金融机构探索混合所有制，建立独立运营主体，负责金融行业大数据的统一管理和运营，开展跨行业、跨领域应用合作，促进大数据金融在社会经济各领域的价值实现。

（三）强化大数据金融行业标准和安全规范建设

建议组织金融行业各方主体，协同制订统一的金融行业大数据交易规范，明确交易各方的数据安全责任，保障大数据金融市场的健康、有序发展；制订明确的数据安全使用标准，对大数据金融的使用权限、使用范围、使用方式和安全机制等，进行严格的规范化、标准化管理；建立有效的投诉机制和惩罚机制，实施全程全网的数据安全使用管控与源头追诉。

（四）依托行业平台推进大数据金融应用成果共享合作

积极发挥以"中国支付清算协会大数据金融研究组"为代表的行业组织的平台作用，打造具有品牌影响力的大数据金融交流分享平台，建立大数据金融行业的长效沟通机制，促进大数据金融应用成果的经验分享和互动交流。同时，积极推动金融行业和电信、电商、旅游等跨行业的沟通和合作，通过专题活动宣传和推广，展示大数据金融在各个行业领域的应用成果，增加大数据金融应用的社会关注度。

参考文献

[1] 胡光华. 金融学 [M]. 上海：格致出版社，2017.

[2] 郭红，孟昊. 金融市场 [M]. 沈阳：东北财经大学出版社，2017.

[3] 张学森. 金融法学 [M]. 上海：复旦大学出版社，2020.

[4] 李庆霞. 金融数学 [M]. 厦门：厦门大学出版社，2020.

[5] 钱红华，张慧珏. 金融会计 [M]. 上海：上海财经大学出版社，2020.

[6] 汤烫. 地方金融 [M]. 北京：中国金融出版社，2020.

[7] 葛联迎，申雅琛. 金融学 [M]. 北京：北京理工大学出版社，2020.

[8] 王健宗，何安珣，李泽远. 金融智能 [M]. 北京：机械工业出版社，2020.

[9] 黄卫东. 金融战略 [M]. 北京：新华出版社，2017.

[10] 林治洪，罗勇. 交易金融 [M]. 北京：中国金融出版社，2017.

[11] 叶振军. 金融数学与金融工程 [M]. 天津：南开大学出版社，2019.

[12] 王惠凌，廖飙霏. 金融基础 [M]. 北京：北京理工大学出版社，2017.

[13] 韩颖. 金融学 [M]. 上海：上海财经大学出版社，2019.

[14] 游丽. 金融学 [M]. 北京：北京理工大学出版社，2017.

[15] 丁述军，沈丽. 金融学 [M]. 济南：山东人民出版社，2017.

[16] 王信，徐忠. 金融研究 [M]. 北京：中国金融出版社，2019.

[17] 韩小红，施阳. 财政与金融 [M]. 北京：北京理工大学出版社，2019.

[18] 刘玉平，储峥. 金融学 [M]. 上海：立信会计出版社，2019.

[19] 唐学学，秦选龙. 国际金融 [M]. 西安：西安电子科技大学出版社，2019.

[20] 牛淑珍，齐安甜. 绿色金融 [M]. 上海：上海远东出版社，2019.

[21] 卢祖送. 金融危机和金融监管 [M]. 北京：经济日报出版社，2018.01.

[22] 周涛，许振钢，张得志. 互联网金融风险管理研究 [M]. 昆明：云南科技出版社，2018.

[23] 赖溟溟. 财政与金融 [M]. 沈阳：东北财经大学出版社，2018.

[24] 马瑞华，王莉莉. 金融学 [M]. 北京：海洋出版社，2018.

[25] 于洋. 金融与投资 [M]. 北京：经济日报出版社，2018.

[26] 石立哲，杨菲，杨春子. 国际金融 [M]. 延边：延边大学出版社，2018.

[27] 相悦丽，赵红梅，王姗姗. 财政与金融 [M]. 北京：冶金工业出版社，2018.

[28] 郭宇航. 极致金融 [M]. 杭州：浙江大学出版社，2018.

[29] 朱叶. 公司金融 [M]. 上海：复旦大学出版社，2018.

[30] 贺丽丽，查苏倩，吴燕. 国际金融 [M]. 西安：西安电子科技大学出版社，2017.

[31] 杨蓬勃. 互联网金融 [M]. 西安：西安电子科技大学出版社，2017.
[32] 高晓燕，郭德友. 金融学 [M]. 北京：中国金融出版社，2017.